第2版

弁護士業務の勘所

弁護士という仕事をもっと楽しむために

官澤綜合法律事務所所長
元東北大学法科大学院教授
弁護士 官澤里美

第一法規

第2版　はじめに

本書の初版を出版した平成26年11月頃は、本書のような本がほとんど見当たらなかったため、面白がってもらえて第４刷まで「重版出来！」となりました。

５～６年前から改訂の話もいただいていたものの忙しさで着手できないままとなっていましたが、本年３月で法科大学院での授業も引退し少しだけ時間ができましたので改訂版を出版することとなりました。

ところが、いざ改訂作業に着手してみると、現在の弁護士業務は民事裁判のIT化の途上のため執筆したことがすぐに陳腐化・的外れなものとなるのではないかとの不安にかられました。

しかし、いくらIT化が進んでても弁護士業務の本質・注意しなければならない点は変わらない、変えてはならないのでありそこを書き残そう、IT化の注意点や課題は今のうちに気づいたところを書いておく必要があるとの考えに至り、今回の出版に至ったものです。

初版のサブタイトルは、「弁護士という仕事をもっと楽しむために」でしたが、弁護士の数も増えてインターネットでの広告の競争も激しくなり、楽しむ余裕がない、どうすればお客さんにきてもらえるのか？と言われることもあります。

しかし、論語に「之を知る者は之を好む者に如かず。之を好む者は之を楽しむ者に如かず」とあるとおり、やはり私の思いとしては、弁護士の仕事を楽しみましょう！ぜひこの弁護士に頼みたい、また会いたいと思ってもらえる弁護士になりましょう！ということに尽きます。

そのためにはどうしたらよいかという観点で改訂作業を行いましたので、少しでも参考にしていただければ幸いです。

令和５年11月

官澤綜合法律事務所所長／元・東北大学法科大学院教授
弁護士　官澤里美

初版　はじめに

昭和54年、東京大学法学部の民事訴訟法の講義の際、三ケ月章先生から「法曹は人の悩みを解決して喜んでもらえるやりがいのある仕事」「法曹は司法制度の改善や法曹の養成に責任がある」と教わり、それ以来、法曹を自分の天職と考えて勉強・実践・発言を続けてきました。また、昭和61年４月に弁護士になった後は、事務所経営を考えざるを得なくなり、「ここに相談に来てよかったと思える事務所」「ここで働いてよかったと思える事務所」を目指して勉強・実践・改善を続けてきました。

いずれも、勉強や実践などに時間と努力を要するという点では大変ではありますが、努力しただけみんなに喜んでもらえるやりがいのある仕事だと実感していました。そして、中学生の職場訪問、東北大学法学部での民事裁判実務の講義、法科大学院の講義、司法修習生の合同修習、若手弁護士セミナーなどでも、法曹は大変やりがいのある楽しい仕事と話し続けてきました。

ところが、最近、法曹の人気が落ちてきて志望者が減っていると報じられたり、弁護士の中からも将来への悲観論が聞こえてきたりするようになりました。

しかし、これらには誤解に基づく部分もあるかと思います。私は、「法曹の仕事はやりがいがある！　弁護士は楽しい！」ということをお伝えし、また、自分がこれまでいろいろと考え、工夫してきたことを形にすることで、法曹の養成に多少は役立てるのではないかと思い今回の出版となりました。

学問的な法律論は私には無理ですので他の本に譲るとして、本書では、他の本には書かれていない書面作成や尋問方法などの実践的な話、時間の作り方や事務所経営の勘所、そして弁護士業務の楽しみ方について、具体的な資料なども載せながら私の現時点での考えを書き連ねています。

私の考えといっても、すべて先輩諸兄の書かれたものやいろいろな方々から教わったことを自分なりに咀嚼・整理したものに過ぎませんが、目次を詳しく作成していますので、関心のある部分を拾い読みしていただいても多少のお役には立つのではないかと思っています。

本書を読んで、弁護士・法曹を目指す方々が増えていただければ、そして弁護士の方々には仕事をもっと楽しんでいただければ幸いです。

平成26年10月

官澤綜合法律事務所所長／東北大学法科大学院教授

弁護士　官澤里美

目次

第2部　経営関連の勘所

すぐ使える！ 書式、マニュアルなど

サンプル目次

序　IT関係の進化・普及と弁護士業務

1　便利な道具をリスクに注意しながら使いこなすのが勘所

平成26年11月に弁護士業務の勘所の初版を発行した後まだ10年も経過していないのに、いろいろな分野でのITの利用が拡大して、一番出遅れていた法曹界でも民事裁判のIT化に向けた民事訴訟法等の改正が行われました。新型コロナ禍で対面が制限され、民事裁判でのオンラインの利用が一気に普及し、弁護士の相談や打合せもオンラインで行われることが増えました。また、最近のAIの進化・実用化も驚くべきものがあります。

このようなIT関係の進化・普及は、私たち弁護士の業務や事務所の経営にも変革を迫るものであり、弁護士の業務や法律事務所の経営は、10年前とだいぶ変わってきています。

しかし、「法曹は人の悩みを解決して喜んでもらえるやりがいのある仕事」であることは変わらず、「民事弁護の目的は良い解決を早く得ること」も変わっていません。「ここに相談に来てよかったと思える事務所」「ここで働いてよかったと思える事務所」にしていくことが法律事務所経営の勘所であることも変わっていません。

IT関係の進化・普及は、便利な道具の進化・普及であり、上手に使いこなすことが大切です。ただ、便利な道具には種々のリスクもありますので、そのようなリスクに注意しながら使いこなすことが勘所となります。

2　弁護士への三大クレーム（「応対が横柄」・「処理が遅い」・「報告がない」）は変わっていない

弁護士会には、弁護士や弁護士会に対する市民等の意見・苦情を受け付け、それについて適切な対応・処理を行うための市民窓口が設置されています。私が所属する仙台弁護士会では、毎年の定期総会の際に１年間の苦情等の報告が行われます。どのような苦情等が届いているのかを列挙した表と、簡単な分析資料が配布され、口頭での報告が行われるのですが、苦情や懲戒申立てを受けたりしないために、そして顧客満足度を向上させるために、非常に役立つ情報です。自身の弁護士業務・依頼者対応の改善の参考となります。

弁護士会に届く弁護士へのクレームは、事件の相手方等よりも依頼者からのものの方が多く、その内容は、裁判等で負けたといったようなことについては少なく、むしろ当たり前のことが行われていないことについての苦情の方が圧倒的に多いのです。

具体的には、「応対が横柄」・「処理が遅い」・「報告がない」の３つが多く、私は、これを“弁護士への三大クレーム”と呼んでいます。

依頼者からのクレームを減らし、内心の不満を防ぎ良好な関係を維持するためには、この三大クレームを受けないように、「丁寧な応対」・「迅速な処理」・「まめな報告」を徹底すればよいのです。

これらはごく当たり前のことですが、最近の報告でも残念ながらこれらの当たり前のことが徹底されていない弁護士が多いため、これらを徹底するだけでも、良い弁護士だとの評判が広まり、営業上もプラスになるのです。

3　三大クレームを防ぐための「官澤の４つのお願い」

私は、平成17年２月の仙台弁護士会の定期総会の際、市民窓口担当の副会長として三大クレームを防ぐため、以下のような「官澤の４つのお願い」を行いました。残念ながら約20年経過しても変わっていないと感じていますので、御一読のうえ参考にしていただければと思います。

なお、このタイトルだけでニヤッとできたあなたは多分60代以上の人。そう、タイトルは、ちあきなおみの「四つのお願い」から拝借しました！

＊　＊　＊

「副会長の一人として市民窓口を担当しておりますが、担当する前は言いがかりに近い濫訴的なものが多いのかなと思っていたのですが、実際には言いがかり的なものは少なく、市民窓口に寄せられる苦情や相談はもっともなものが多く、深刻なものも少なくありませんでした。

事件が生じたから私たち弁護士に依頼が来るわけですが、事件の当事者は依頼者も相手方も早く解決したいという気持ちでは一致しております。そのため、多忙などの理由で事件処理が遅れますと、依頼者からも相手方からも苦情が来ることとなります。

また、適切に処理をされていても、依頼者に随時報告していないと依頼者にはそれが伝わらず不満を持ち、苦情が来ることとなります。

ところで、私たちの依頼者は、事件に巻き込まれて悩み傷つき私たちに救いを求めて依頼してくることが多いのですが、私たちの虫の居所が悪くて冷たく扱われたり、怒鳴られたりするとさらに傷つくこととなり、悩んだ末に市民窓口に相談の電話をかけてくることとなります。そのような場合には、相談したことが知れると仕事をしてもらえなくなるかもしれないので、先生には言わないで欲しいという市民も相当数おり切なくなります。

そこで、私たち弁護士への信頼を維持するため、市民窓口への苦情や懲戒申立てを減らすため、私の４つのお願いを聞いていただきたいのです。

(1) 事件関係者は事件が速やかに解決して平穏な生活が早期に訪れることを望んでいます。引き受けた事件はできるだけ速やかに処理していただければと思います。

(2) 依頼者は依頼した事件の進行状況を気にしています。適切に処理していてもそれが伝わらなければ、遅滞していると誤解を受けることにもなりかねません。依頼者には経過報告をまめに行っていただければと思います。

(3) 依頼者は事件に巻き込まれ悩み傷ついています。依頼した弁護士から冷たくされたり怒鳴られたりするとさらに傷つくこととなります。依頼者に対してはできるだけ丁寧な応対を心がけていただければと思います。

(4) いろいろな事情で仕事が遅れたり、思ったような結果がでない場合もあると思います。しかし、そのような場合でも絶対に依頼者に嘘はつかないでいただければと思います。」

4 民事裁判のIT化で弁護士のサボりが可視化されることに要注意！

これまで、依頼している弁護士の書面提出の遅延等により裁判の進行が遅れていても、その弁護士が正直に依頼者に報告していないと誰に責任があるのか依頼者本人にはわかりにくいものでした。

ところが、Microsoft Teamsによる弁論準備等では、投稿欄に次回までの宿題や遅れた弁護士への督促等の掲載が始まっています。また、mintsによる民事裁判書類電子提出システムでは、提出期限がある書類にはその期限が掲載されるようになっています。

依頼者から自分の事件のTeamsやmintsの閲覧を求められたら断るのは困難と思われ、またうまく断っても解任されて次の弁護士が閲覧して報告するため、事件処理をサボっていたことが依頼者本人に可視化されることになります。嘘をついていたりすると、嘘が明らかになり懲戒問題になりかねません。

民事裁判の IT 化で弁護士のサボりが可視化されつつあることに注意し、事件処理を遅滞しないよう、そして間違っても嘘をついたりしないように注意することが必要です。

第1部

裁判関連の勘所

第1 裁判所を味方にする民事弁護の心がけ

1 民事弁護の目的と心がけ

タイトルに「裁判所を味方にする…」と書きましたが、これから裁判所を味方にして勝訴判決を得る方法を述べるわけではありません。勝訴判決を得てトラブルが解決することはもちろんありますが、勝訴判決を得てもトラブルの解決にならないこともありますからね。私は、裁判所を利用する目的は判決や和解によりトラブルの良い解決を得ることであり、それが早い方が悩みを抱えた人に喜んでもらえると思っています。ですから、民事弁護の目的は、良い解決を早く得ることだと思っています。

その良い解決を早く得るためには、裁判所を、そして相手方をも味方にする。味方は極端かもしれませんが、裁判所から、そして相手方からも、信頼を得られるようにすることが有益。そのためには、約束は守る、汚いことはしない、激しい言葉は使わないことが大切です。

裁判所を味方にしたからといって、負け筋の事件について勝訴判決を得られるわけではありません。しかし、事実認定について迷ったときや、結論が微妙な事件について和解案を提示する際、裁判官も人間ですから一生懸命な弁護士の方に傾くことがあると聞いたことがあります。ですから、裁判所を味方にする、少なくとも敵にしないようにすることが有益なのです。

相手方をも味方にするなんてことができるのだろうか？ と思われる方も多いでしょう。たしかに、事件の初めの頃は、相手の弁護士について、相手を味方する敵だと思うのが一般的です。しかし、こちらの言動次第では、事件が進むにつれて、「相手の弁護士だから相手に有利なことを主張はするが、約束は守るし汚いことはしない信頼できる弁護士ではないか。」と敵視から信頼に切り替わってくることがあります。そうなると、交渉や和解もスムーズに進められることになります。さらに進むと、自分が依頼している弁護士より良い弁護士だと思われ、別の事件を依頼されたり、別の依頼者を紹介されたりするようになることさえあるのです。

ちょっと一言

民事裁判は予断獲得が大切！

刑事裁判は起訴状一本主義・予断排除が原則ですが、民事裁判はなるべく早い段階で書面や口頭で裁判所から良い予断（こちらがスジがよいとの印象）を獲得することが大切です。調停を含めた民事裁判においては、どのようにして良い予断を獲得するかをいつも念頭に置くと、良い解決を早く得られるようになります。

2　裁判所・相手方から信頼を得るために

では、裁判所や相手方を味方にしたり信頼を得たりするためにはどうしたらよいでしょうか？

それには、どんな仕事にも共通することですが、約束は守る、汚いことはしない、激しい言葉は使わないことが大切です。

約束を守るのは当たり前のことですが、弁護士業務の中では、裁判や交渉などの時間を守ることと、各種の書面の期限を守ることの２つが大切です。

時間を守らない弁護士は、裁判所からも相手方からも信頼を失い、裁判に少し遅れただけでも待ってもらえずさっさと開始されてしまう。依頼者にもやきもきされることになってしまいます。

そうならないようにするためには、約束の時間の５分前を心がけ、約束の時間に少しでも遅れそうなときは、電話連絡をする。遅れて着いたら言い訳などせずに裁判官や関係者にまずは謝る。常日頃からそのように実践していると、アクシデントで電話連絡もできずに遅れた場合でも、あの弁護士が連絡もなく遅れるのは何か余程のことなのだろうと心配しながら待ってもらえることになります。

書面の期限を守らないと、控訴や上告などが認められなくなり、懲戒申立てや損害賠償請求を受けることにもなりかねません。通常の準備書面などで提出は認められたとしても、主張を制限されることがあったり、気を揉んだ依頼者から信頼を失って解任されることにもなってしまいます。そうならないために、書面の期限は絶対に守る必要があります。

裁判や交渉は、ある種の戦いではありますが、スポーツと同じでフェアプレイが大切です。汚いことをすれば、相手方は立腹して解決が遠のき、審判である裁判官の微妙なところでの判定は厳しくなり、下手をすればレッドカード（懲戒）で退場となってしまいます。フェアプレイを心がければ、相手方も、主張には食い違いがあっても、フェアな弁護士だと信頼してくれるようになります。

相手方を非難する激しい言葉を、依頼者から求められたり、使いたくなることがあります。しかし、激しい言葉を使ったからといって裁判官が有利な心証を持ってくれることはなく、むしろ品位や人間性を疑われ、マイナスとなってしまいます。また、相手方も、激しい言葉に承服するわけはなく、むしろ感情を刺激して和解などが不利になるだけです。ですから、激しい言葉を使いたくなる誘惑に負けず、依頼者から求められても激しい言葉はマイナスであることを説明・納得させて使わないようにしましょう。

以上のとおり、約束は守る、汚いことはしない、激しい言葉は使わないことを継続していけば、裁判所や相手方の信頼を得て、依頼者のため良い仕事ができることになるのです。

3　裁判官の好意的評価、依頼者の納得を得るために

裁判では書面や尋問が重要な役割を果たすので、本書ではそれらについて詳しく述べていきます。私は、書面は作品であり、法廷は舞台、そして、裁判官は辛口の観客だと思っています。その観客から好意的な評価を得られれば、良い解決を得やすくなりますが、そのためにはどうしたらよいでしょうか。結論は、十分な準備を怠らないことに尽きます。準備は人を裏切らない。十分な準備をした結果であれば、自分も悔いが残らないし、依頼者も納得してくれますからね。

多数の事件を抱えながら、十分な準備を行い、約束を守るためには、自分で各種書面作成などの締切を策定し、しっかりとスケジュール管理を行うことが大切です。

通常の訴訟事件を例に、締切策定・スケジュール管理、そして依頼者に不満を持たれない経過報告について説明します。

（A）　標準的スケジュール

期日	→	書面準備	→	打合せ日	→	書面完成・提出	→	次回期日
報告①		報告②				報告③・④		報告⑤

今日、裁判の期日があり、次回期日の１週間前までに当方に反論の準備書面を提出する宿題が出たとします。すると、依頼者に経過の報告を①として行うわけですが、その内容としては、相手方準備書面陳述などの今日の期日内容、次回期日の日時、その１週間前までに反論書面を提出することになった旨を記載・報告します。また、それとともに反論書面の内容の打合せ日時も決めて連絡してしまいます。その際、依頼者との打合せを充実させるため、打合せ用の反論書面の叩き台を遅くとも打合せの前日までには起案して依頼者に送ることを自分に課し、場合によってはそのことを報告①に記載します。

叩き台ができたら依頼者に報告②として打合せ日にご意見お聞かせ

くださいと添え書きして送ります。打合せ日にその叩き台をもとに打合せを行い、依頼者から指摘されたことなどを加除訂正して反論書面の案を完成させ、それを報告③として依頼者に送って間違いなどがないか検討して回答をもらうことにし、その回答内容に従い、加除訂正がなければそのまま、加除訂正があれば加除訂正して裁判所・相手方代理人に送り、その旨を報告④として依頼者に報告します。そして、次回期日が来たら、その期日の内容を報告⑤として報告するという流れとなります。

(B) 理想的スケジュール(期日後の宿題を残さない)

期日	→相手書面到着	→書面準備・(打合せ)・完成提出	→次回期日
報告①	報告②	報告③・④	報告⑤

前記の(A)標準的スケジュールでは、次回期日までに反論書面起案のために記録を読み、さらに次回期日を迎えるために直前準備として記録を読むことになり、2回、記録を読まなければならなくなります。

ところで、次回期日の1週間前までに書面を提出するのが相手方の場合、次回期日前に直前準備のために記録を読まなければならないのであれば、1週間前までに提出された相手方書面について、次々回期日までに当方の反論書面を提出するのではなく、記録を読んだ勢いで一気に次回期日までに反論書面を起案、依頼者の確認・了解を得たうえで提出してしまう。すると、また宿題は相手方に課せられることになり、期日間に記録を読む回数は1回に減らすことができます。

このスケジュールの場合、報告①は(A)とほぼ同じで、報告②で相手方から届いた書面を依頼者に送り(必要に応じ打合せ日時を指定・連絡)、報告③で起案した反論書面を送って依頼者の意見を求め、電話やオンラインでの打合せ(必要に応じ事務所での打合せ)で指摘されたことを加除訂正して反論書面の案を完成させ、それを報告④として依頼者に送って加除訂正の有無を検討してもらい、加除訂正がなければそのまま、加除訂正があれば修正して裁判所・相手方に送ります。送るのは次回期日の直前になると思うので提出した旨の報告は、次回期日の報告⑤で行います。

これが私の理想的スケジュールで、毎回は困難なのですが時々試みています。

以上のように、私は、次の期日までの間に依頼者に通常４回の報告を行います。

このようにまめな報告を行うことにより、依頼者は安心し、事件の推移を正確に把握することになりますので、あとで述べる和解の際に納得を得ることも容易になります。

ちょっと一言

自分で締切を策定し、誰かと約束する！

スケジュール管理を行う際、他から決められた締切がない場合は、ずるずると遅れてしまわないように自分で締切を策定することが大切です。そして、自分の中だけの締切だとルーズになりがちなので、守らざるを得なくなるようにするためには、それを前記の報告①に記載することなどにより約束してしまうことが効果的です。

ちょっと一言

期日がない事件の遅れに要注意！

調停や裁判などの期日がある事件は、その期日が締切となって、遅れがちになることはあったとしても進行していくこととなります。しかし、裁判外の交渉事件などは、期日がないために処理が後回しになりがちで、油断していると何もせずに数ヶ月経過しまいかねないので注意を要します。そのような事件は、前記のように自分で締切を策定して依頼者に約束していくことが大切です。

第2　裁判所から好印象を得る書面作成のポイント

1　基本は、簡潔・明瞭・納得

訴状、準備書面、各種申立書などの書面は、簡潔・明瞭・納得が大切です。裁判官は忙しいですから、短く、何を言いたいのかはっきりしている方が良い印象を与えます。さらに内容に納得してもらえればベスト！ これは、テストの答案も一緒ですね。

ちなみに、依頼者との会話は、やさしく・ゆっくり・わかりやすく、が大切であり、電話や面談での第一声は、明るく・高く・爽やかに、が大切です。

書面は、内容が重要なのですから、その充実に時間をかけるべきであり、形式について長い時間悩むのは時間の無駄です。しかし、形式によって、相手の読みやすさや後の引用しやすさに違いが出てくるのも事実です。

そこで、まず形式についての注意点を説明し、その後に内容についての注意点を説明していきます。

2　形式の工夫で読みやすく・効率的に

私は、相手の読みやすさや後での引用しやすさなどを考え、サンプル１のような形式を採用しています。説明していきますので、参考にしてみてください。

まず、書式設定は、サンプル１の右上に記載しているように、最高裁が推奨している12ポイント、37字、26行が読みやすいです。10.5ポイントだと老眼ぎみになると読みづらくなります。私は、高裁に出す書面の場合は高齢で老眼が多い部長のことを考えて14ポイントにする

■サンプル1　第1準備書面

上35mm

左30mm　12ポイント、37字、26行　右30mm

下30mm

②　　④

①　令和5年（ワ）第１２３号事件　　（次回１２月２５日）

原告　㈱宮城

被告　青葉B郎　外　③

⑤

第１準備書面

⑥

令和5年１２月１８日

仙台地方裁判所第3民事部　御中

原告代理人　　官　　澤　　里　　美

第1　原告と被告との間の契約内容

1　当事者の関係

原告は、…であり、被告は、…である。

2　契約の締結

⑦

原告と被告は、令和2年5月27日、本件不動産について、下記を主たる内容とする業務委託契約（甲1・以下、「本件契約」という）を締結した。

記

ア　期間

令和　年　月　日～令和　年　月　日（第1条）

イ　委託する業務内容

＊＊＊（第3条）

ウ　代金

＊＊＊（第5条）

3　口頭での合意

原告と被告は、本件契約の際、…　を口頭で合意した。

第2　契約違反

1

こともあります。余白は、上35mm・下30mm・左右30mmにしてください。最高裁は右余白を15〜17mmに推奨しているようですが、書き込みがしづらいし両面印刷した際の綴じしろのことを考えると右も30mmがよいです。

①の書面左上の部分で事件の特定を行います。

②の事件名については、貸金請求事件や損害賠償請求事件などのように具体的事件名を記載している弁護士も多いですが、番号だけで事件は特定できますし、長い事件名だと記載する時間が無駄（誤記の恐れもある）なので、私は番号のみで済ませています。

③の当事者名は、株式会社は㈱で略し、当事者が複数名いるときは代表的な人のみ記載し他は「外」で略すとコンパクトにまとまります。

④に次回期日が決まっている事件については次回期日を記載します。これは、裁判所によっては記録が期日順に並んでいるので探しやすいことや、期日が迫っている場合には期日が迫った書類だと一目でわかり処理を急いでもらえることになるからです。

⑤に書面の表題を記載します。私は、目立つようにゴシックの太字にしています。訴訟では準備書面を何通か提出することが多いため、それらの準備書面を引用する際のことを考えて番号を付している弁護士が多いと思いますが、番号は「準備書面１」や「準備書面（１）」のように後に付すのではなく、「第１準備書面」のように前に付してください。引用の際に「被告の準備書面１によれば…」と引用した際に「準備書面１」を引用したのか「準備書面の１項」を引用したのかが紛らわしくなるからです。

⑥に提出日を記載します。弁護士の中には準備書面については⑥に次回期日を記載する人もいますが（陳述する日ということなのでしょうが）、他の書面との前後関係が紛らわしくなるので、やはり提出日を記載するのがよいと思います。

その次の行の左側に提出先、その次の行の右側に提出者を記載し、その下から内容に入っていくこととなります。

書類が複数枚になる場合は、必ず下の中央にページを付してください。ページが連続していることにより落丁がないことが確認できるということで、割り印（契印）を省略できるからです。

3　内容記載の形式面での注意点

内容を記載する際の形式面について何点か注意した方がよいところを述べます。

書面の項目ごとに見出しを付けると、読み手はわかりやすいですし、書き手も見出しに拘束されて無関係なことを書かなくなるので、可能であれば行った方がよいです。私は、見出しを目立つようにゴシックの太字にすることが多いです。

相手方が争ってくる事件においては、争いがない事項とある事項とで項目を分けると相手方が認否しやすく、早い争点整理に有益です。サンプル１の例でいうと、契約書に記載されていない口頭での合意をめぐる訴訟の場合、被告が争わないと思われる当事者の関係と書面の契約内容の項目と、被告が争ってくるであろう口頭での合意の項目、契約違反の項目を分けることにより、被告は、「第１の１・２は認める。第１の３・第２は否認する。」との認否をせざるを得なくなり、争点が口頭合意の有無と違反の有無と早期に絞られることになります。

長めの書面は、冒頭に結論やまとめを書き、必要なら目次も付けると、読み手にはわかりやすくなります。

4　便利な「下記」の使い方

訴状などで契約の内容を書かなければならないことが時々あります。内容がコンパクトな場合は本文中に組み込むのも容易ですが、何項目もあったりすると理解しやすい文章にするのに苦労することになります。そこでおすすめなのが、サンプル１の⑦のように「下記を主たる内容とする＊＊契約」とし、具体的な契約内容については、すべて「記」の後に箇条書きにして各末尾に契約書何条かを記載する方法です。この方法ですと、書き手は文章に悩まないで済みますし、読み手も理解しやすく相手方も認否しやすくなります。

なお、この方法は、いろいろと理由を述べてある結論を主張する場合も使えます。すなわち、「下記の理由により＊＊＊である。」と結論を記載して理由はすべて記の後に箇条書きにし、必要に応じて各末尾に裏付けの書証や尋問調書を記載するのです。すると、理由の文章構成に悩まないで済むことになります。ただ、時間が許す場合は箇条書きではなく、理由の強弱も考慮した文章にした方が説得力が増すこともありますので、理由の箇条書きの方法は、時間がないときの便法と考えておいてください。

5　最後のチェックで良い作品に

書面を良い作品に仕上げるためには、一通り書いたあと、次の点についてチェックして推敲するとよいです。

(1)　主語と述語は一致しているか？

主語と述語が一致していないと意味がわかりづらくなりますので、主語は何なのか、主語と述語が一致しているかを常に意識するようにしてください。

(2)　同じ事柄に違う言葉を使っていないか？

同じ書面、同じ事件の中で、同じ事柄に違う言葉（例えば「製作」「製造」「作製」）を使うと、意味があって使い分けているのか裁判官を悩ませることになりますし、与える印象も薄くなる恐れがありますので、同じ事柄は同じ言葉で統一してください。

（３）　その言葉が適切なのか？

同じ事柄を同じ言葉で統一する場合、何通りかある言葉の中でその言葉が適切なのかを検討することも大切です。例えば、「不正」と「不当」、「欠陥」と「瑕疵」と「不具合」など、どの言葉を選択してその事件の中で使い続けていくかによって裁判所、事件関係者、場合によってはマスコミに与える印象・影響が異なってくる場合があります。

イメージ戦略としてその言葉が適切か、言葉の使い分けを考えるため、書面を書く際は手元に国語辞典、そして類語辞典も置いておくと重宝します。

（４）　激しい言葉を使ってないか？

繰り返しになりますが、激しい言葉を使っても有利になることはなく、むしろ相手を感情的にするなどマイナスです。激しい言葉は相手に届く前に弾けてしまって効果がなく、優しい言葉の方が相手の心に入っていきそこで爆発して効果を発することが多いのです。

ちょっと一言

江戸時代の武士の処世訓…懲戒申立てに要注意！＝

「人はわずかなことで恨みを抱く。敵ではあっても口汚く罵らないようにすることが大切。」とのこと（江戸時代の武士の処世訓）。

傷つける言葉は、言った本人は忘れても、言われた相手は忘れないもの。最近は傷つける言葉、激しい言葉に対する懲戒申立てが増えているので注意しましょう。

6　要件事実以外に何を書くかの基本的な考え方

申立てが認められるために法律で記載が求められている事項、請求権が発生するために必要不可欠の要件事実は、漏らさずに必ず書かなければなりません。

現在は便利な書式集が多数販売されており参考になりますが、なかには余計なことが書いてある書式もあるので、何が必要不可欠なのかを法律・規則の条文で確認する癖をつけるとよいです。

また、何を加筆するか？ 事情的なことをどこまで書くか？ ということを質問されることが時々あるのですが、基準があるわけではなく、良い解決を早く得ることが目的なのですから、そのために必要かどうかで判断することになります。

では、どう判断していくかですが、おおむね次のとおりとなります。

(1)　まず、日本語として通じるように最小限の加筆は行い、争いがない事件であればそこで止める。

(2)　多少の争いが予想されるが先方の出方が不明の場合は、裁判官を悩ませず、先方を刺激しないため、余計なことは書かない。スジの良さを裁判官にわかってもらうため、どんなケースなのか先方を刺激しない言葉でサラッと書くことはあり得る。

(3)　争いがあり反論が確実な場合で早期解決を強く望む場合は、先方の主張と当方の反論・裏付けまで書く。当方のスジの良さ・先方のスジの悪さを裁判官にアピールするため、どんなケースなのかを冷静な言葉で書く。

7　要件事実以外に何を書くかの具体例

請負工事代金請求事件を例として、内容として何をどこまで書くかを具体的に説明します。

㈱宮城が青葉Ｂ郎から自宅の新築工事を金2000万円で請け負い、その工事を完成させたが、残代金500万円の支払を受けられないままなので、請負工事代金請求訴訟を提起することにしたとします。その訴状の請求原因としてどこまで記載するかを以下で検討します。

⑴　まず、日本語として通じるように最小限の加筆を行います。要件事実としては1500万円の支払を受けたことの記載は不要なのでしょうが、「金2000万円で請け負い、その工事を完成させた。金500万円を支払え。」では、1500万円は支払われたのか、支払われていないが内金請求しているのか不明で、裁判所から問合せが来ることにもなります。

そこで、「1500万円の支払を受けた。」と加筆します。

お金の都合がつかずに不払などといった争ってこないであろうと思われる事件の場合は、それ以上は記載せず裁判所に提出します。

⑵　多少の争いが予想されるが先方の出方が不明の場合、例えば、青葉Ｂ郎がドアの建て付けの悪さや壁クロスの仕上がりの悪さにクレームを述べ、㈱宮城が手直しを行って不具合を解消したつもりだが、それでも言いがかりのような不満を述べて支払を行わない場合は、先方は弁護士に依頼してまで争ってこない場合もありますので、先方を刺激せず、裁判官に工事内容の仕上がりが争点になるのかなど余計なことを考えさせないため、余計なことは書かずに⑴と同様の内容で提出した方がよいでしょう。

ただ、先方が答弁書に仕上がりの悪さなどを記載してくることに先手を打って当方のスジの良さを裁判官にわかってもらうため、「完成検査の際にドアの建て付けと壁クロスの仕上がりについて手直しの指摘を受けたが、手直し工事を行って不具合を解消したにも関わらず残金を支払わない。」などのようにどんなケースなのかサラッと書くことはあり得ます。

その際、仮に先方が近所では有名なクレーマーだったとしても、「被告は、近所では悪名高いクレーマーであり、難癖を付けては支払を行わない。」などといった、先方を刺激するような記載は、（仮に真実だとしても）有害無益なのでしないでください。

(3) 争いがあり訴訟でも反論を受けることが確実な場合、例えばすでに先方にも弁護士が付いて争ってきている場合は、先方の主張と当方の反論・裏付けまで書いて書証まで提出すると早期解決に効果的です。

例えば、先方から指摘を受けた問題点について手直し工事を終えてその旨の確認書も得ているにも関わらず、その後に先方が種々の難癖を付けてきているような場合であれば、「完成検査の際にドアの建て付けと壁クロスの仕上がりについて手直しの指摘を受け、手直し工事を終えて他に問題はない旨の確認書を得た。ところがその後に外壁の自然な風合いに色むらがあると不満を述べて残金を支払わない。」など、当方のスジの良さ・先方のスジの悪さについて先方を刺激しない冷静な言葉で裁判官にアピールするとよいです。

そして、確認書や外壁の写真なども書証として提出し、さらには工事担当者などの人証申請も第１回口頭弁論期日までに行ってしまい（先方代理人が進行が遅くて有名な弁護士の場合は、こちらで被告本人尋問の申請まで行ってしまうこともあり得ます）、次回又は次々回に尋問を行うくらいのピッチで進めてしまうこともあります。

8　書く理由を説明できないことは書かない

書面は、書く理由を説明できないことは書かない方がよいのです。また、弁護士は、裁判官ではなく依頼者の代理人なのですから、依頼者の立場で書くことを忘れてはなりません。虚偽を書いてはいけませんが、判例や証拠の状況などからして認められるのが困難な主張でも、依頼者が望むのであれば、依頼者の納得のために書いてあげるとよいでしょう。しかし、激しい言葉は一時の感情的満足のみで有害無益なので、削除することをおすすめします。

9　データファイルで提出するときの注意点

裁判所や先方が加工して書面作成の効率化をはかるため、Word や Excel のデータファイルを提出することが増えてきています。私は、自分からデータファイルを提出したり、データファイルでの提出をお願いしたりすることもあります。

ところで、Word や Excel のデータファイルでは、変更履歴やコメントを残すことができて便利なときもあるのですが、裁判所や先方にそれらを残したまま提出すると、自分がどんなところで悩んでいたのか等が丸見えになって不利になることも生じてしまいます。

mints（民事裁判書類電子提出システム）では、書面は PDF で提出することになっていますので心配はないのですが、Microsoft Teams への投稿等により Word や Excel のデータファイルを提出する場合は、裁判所や先方に見られては困る変更履歴やコメントは消して提出することに注意が必要です。

ちょっと一言

言葉は人間の音色…国語と算数の大切さ

一つの言葉で喧嘩になることもあるが、一つの言葉で仲直りできることもある。言葉は人間の音色であり、発すると同時に消えるが、余韻は心に響き大きく作用する。と、ある本で読みました。

まして、書面に書いた言葉は消えずに残りますから、十分な推敲が大切です。

弁護士として良い仕事をするためには、法律や判例などに精通していることは当然として、国語と算数が大切と感じています。

書面や発言にはきちんとした国語の力が欠かせませんし、請求できる金額や工作物の欠陥の検討には算数の力が必要不可欠なのです。

ちょっと一言

相手のことは先方と呼ぶのがおすすめ

私は、最近まで事件の相手を「相手方」、相手の弁護士を「相手方弁護士」と呼び、「相手方弁護士から同封の書類が届きました。」等と依頼者への報告書に記載していました。しかし、調停事件で相手が申立人の場合、依頼者は調停上の肩書が相手方となり紛らわしい…。

そこで、最近は「先方」と呼ぶようにしました。こちらのことは「当方」で、相手のことを少し丁寧に呼ぶ場合は「先様」と呼んでいます。これだと調停でもどう呼ぶか悩まないで済むのでおすすめです！　そのような理由で、本書でも、初版では「相手方」と記載していたところを、第２版では「先方」に変更しているところが相当数あるのです。

第3　センスが光る書証の提出

1　必要な書証を必要な範囲で提出するのが基本

自己の主張を裏付けるための立証として、まずは書証を提出することになります。

書証は、過不足なく提出することが大切です。不足すれば立証不足で主張が認められない恐れがありますし、良い解決を早く得るためにも、早めに裁判官から当方が勝ち筋との心証を得られるよう、必要な書証は早期に提出してしまいます。

しかし、不必要な書証を提出しすぎるのは、紙と作成や読む時間の無駄ですし、信用性ある基本的な書証の信用を落とすようなものが混じっていると有害なことすらありますので避けましょう。

書証を提出する際は、従前の主張や書証と矛盾がないか十分にチェックすることが大切です。印影や筆跡、FAXの日時、印鑑証明書や戸籍類の発行日など、十分にチェックし、矛盾があればその説明や従前の主張の変更を考慮しながら、提出するかどうかを決定することが必要となります。

チェック不十分で矛盾点などを反対尋問で指摘されたりすると、致命的なダメージになりかねませんので注意を要します。

ちょっと一言

依頼者に不利な書類の取扱いの悩ましさ

依頼者が持参した書類の中に依頼者に不利な書類があった場合、進んで書証として提出する必要はないでしょう。しかし、その書類に反する虚偽の主張を行ったり、裁判所からその書類の存否を聞かれた際に虚偽の答弁を行ったりしてはなりません。

提出しないまま和解協議に入ったような際には、後のことを考えれば、不利な書類の存在を念頭に置いて、控え目な態度をとるのが望ましい対応だと思います。

2　大切なのは理解しやすさ、引用しやすさへの配慮

書証は、主張を裏付けるために提出するものですから、どの部分を何のために提出したのか理解しにくいのでは無駄になります。また、尋問や準備書面・判決で引用することも多いものですから、引用しづらいのは困りものです。

そのため、理解しやすさ、引用しやすさに配慮して提出するのが、センスの光る提出かなと思います。

以下、私が書証提出の際に配慮していることを何点か述べます。

(1)　証拠番号・ページなど

書証への番号は、何も考えず付けてしまうと理解しにくく、センスを疑われることになりかねませんので、理解しやすさ、頭への入りやすさを意識して付けましょう。

簡易な事件は、訴状や答弁書に出てくる順番や時系列の順番で付ければ足りるでしょう。

複雑な事件は、請求権ごとや争点ごとなどにまとめると理解しやす

くなりますので、気配りしてみてください。

また、証拠説明書などの作成を考えて、むやみに番号や枝番号を増やさず、準備書面や尋問での引用のしやすさを考えて、書証にページを付したり写真などに丸付数字を付したりするとよいです。

ちょっと一言

保全事件の陳述書は「甲1号証」とすると申立書・訴状の起案が楽！

保全事件を申し立てる際は疎明資料として陳述書の提出が必要となりますが、その証拠番号は甲1号証と決めてしまいましょう。申立書を起案している際に疎明資料を追加していったとしても、陳述書は甲1号証で動かないので楽です。また、その後に本訴のために訴状を起案する際、そのままの番号で証拠として引用できるので起案のスピードアップが図れます。訴状添付の書証としては陳述書を提出しない場合でも、甲1号証に当事者の商業登記簿謄本などを入れてしまえば、甲2号証以降はそのままの番号で済ませられます。

⑵　証拠説明書

証拠説明書は、民事訴訟規則第137条で作成・提出が求められていますが、書証のインデックスとなるものでもあり、コンパクトなものの方が見やすいと思います。そこで、私は、サンプル2のような形式でWordの表機能を使用してコンパクトに作成しています。書証の説明が増えるにつれ行が増えたとしても、罫線がそれに合わせて自動的に拡がるので便利です。また、タイトルの下に何号証～何号証までの証拠説明書か記載しておくと見やすくなります。

■サンプル２　証拠説明書

令和５年（ワ）第１２３号事件（次回１２月２５日）

原告　㈱宮城

被告　青葉Ｂ郎　外

証　拠　説　明　書

（甲１号証～４号証）

令和５年１２月１８日

仙台地方裁判所第３民事部　御中

原告代理人　　　官　澤　里　美

号証	標　目 原本・写しの別	作 成 者 作成年月日	立 証 趣 旨	備考
1	業務委託契約書 原本	原告被告 R2. 5/27	本件契約の内容	
2	全部事項証明書 原本	仙台法務局 R5. 10/10	本件土地の所有者が原告であること	
3	日記 原本	原告代表者 R2. 5/27	本件契約についての口頭での合意内容	
4	写真撮影報告書 写し	同報告書記載のとおり	壁の色むらが軽微なものであること	

(3) 重要な部分へのアンダーラインなど

書証が大部だったり重要な部分がわかりにくい場合、重要な部分にアンダーラインやラインマーカーを引いたりコメントを付すとわかりやすくなることがあります。ただし、その場合は、代理人などが書き加えたものであることを、書証自体や証拠説明書に記載しておくことが必要です。

(4) 写真

写真を書証として提出する場合は、民事訴訟規則第148条で証拠説明書に撮影の対象・日時・場所の記載が求められていますが、証拠説明書にそれらを記載するとわかりづらくなるので、表紙はサンプル3のような写真撮影報告書とし、そこに丸付数字を付した写真を添付して提出します。表紙に同規則で求められている撮影の対象・日時・場所に加えて撮影者・撮影方向を記載するとよいです。撮影方向は、図面などに各写真の丸付数字と矢印で記載します。

(5) 文献

文献を書証として提出する場合は、該当するページだけでなく、裁判所や先方が直接その文献を読んだりする都合や、法律の改正や判例との前後関係の確認に出版日も大切なため、奥付のコピーも提出しましょう。

(6) 説明用の書面

本来の書証ではないのですが、説明用の書面（計算書、図面など）を書証として提出すると、準備書面や尋問の際に引用するのに便利な場合もあります。主張に食い違いがある場合は、可能な範囲で先方の主張も記載すると、先方の人証の反対尋問の際に引用しやすくなります。

■サンプル３　写真撮影報告書

甲第４号証

写真撮影報告書

撮影場所　被告住所地

撮影対象　被告宅の壁の状況

撮影日時　①～③…令和５年１０月５日午前１０時頃
　　　　　④～⑥…令和５年１０月１２日午後３時頃

撮影者　①～③…宮城A太
　　　　④～⑥…官澤里美

撮影方向　下記の図に矢印で記載したとおり
　※下記に収まらないときは別紙の図とする

記

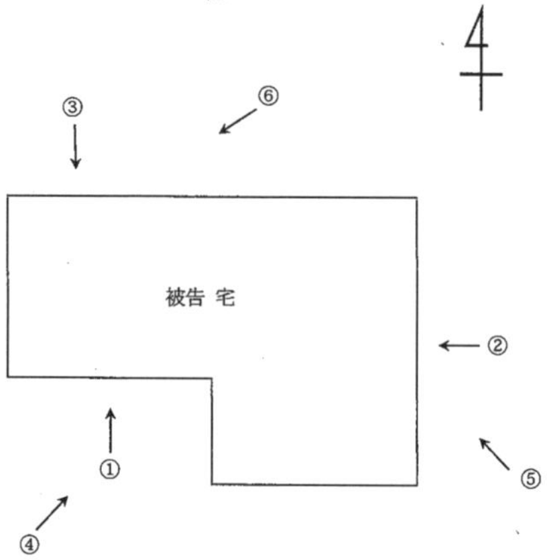

第4 法廷をホームグラウンド化する争点整理への対応

1　苦労すれば報われる

争点整理は、適切に行われれば、無駄な立証活動や尋問を行わずに済み、和解の金額の幅や落とし所も見えてくるので、良い解決を早く得るために大切な作業となります。

この争点整理の中心は、裁判の主宰者である裁判官ですが、弁護士も協力や自ら行うことを厭うべきではありません。自分が中心となって争点整理を行って裁判を進行すると、ホームグラウンドで試合をするのと同じで、その準備は大変だけれど戦いやすくなるからです。すなわち、先方が主張しているが無駄と思われるものや、先方の主張が不明瞭だけど争点とされると不利と思われるものは、載せないで争点整理案を作成して進行させることで、先方から異論が出なければ自分が戦いやすいグラウンド・土俵を作れることになるからです。

2　おすすめの争点整理の方法

争点整理の方法としては、通常の場合は、準備書面で整理すれば足りますが、争点が多かったり、金額が関係するような場合は、サンプル4の計算書のようなExcelの一覧表にすると、先方や裁判所の意見を聞いて修正したり和解金額を検討する際に便利です。

訴状や準備書面を作成する際、前述のように、争いのない事項と争いのある事項を別項目に書き分けると、先方も認めざるを得なくなり、争点整理が進むのでおすすめです。

■サンプル4　計算書

計　算　書　　R5.12.20

（注）C列は内部検討用であり、提出用からは削除する。

			A 原告主張額	B 被告和解案	C ※次回提示？
1 基礎のクラック					
工事やり直し			3,000,000		
補強材注入				200,000	200,000
2 ドア3ヶ所の建て付け					
	箇所	単価			
ドア取り替え	3	50,000	150,000		
金具付け換え	3	10,000		30,000	9,000
3 壁クロスの仕上がり					
	㎡	単価			
①居間					
全面張替	24	2,500	60,000		60,000
1面張替	8	2,500			
部分張替	2	2,500		5,000	
②応接間					
全面張替	24	3,000	72,000		72,000
1面張替	8	3,000			
部分張替	2	3,000		6,000	
③寝室					
全面張替	22	2,000	44,000		
1面張替	6	2,000			12,000
部分張替	1	2,000		2,000	
		合計	3,326,000	243,000	353,000

3　裁判官の話は素直に聞こう

争点整理などの際に裁判官から、釈明を求められたり、法律や判例の解釈、現時点での心証などいろいろな話をされることがあります。そのようなときは、自分の考えと異なるところがあったとしても、まずは素直に聞きましょう。

裁判の主宰者であり判決を書く裁判官がどう考えているかは、良い解決を早く得るために貴重な情報です。裁判官は、泥舟を出すことはありません。そのようなことをすれば、裁判が混乱して収拾するのが大変になるだけだからです。裁判官は、本来勝つべき方を勝たせようとして助け舟を出してくれている場合が多いのです。

稀に、裁判官の話に乗って自分では無理と思っていた主張を追加したのに、判決になって否定されることもなくはありません。しかし、それは判決起案の段階で判例や主張・立証を熟考した結果、最終的に結論が変わっただけなのです。

とにかく、まずは裁判官の話を素直に聞いて趣旨を理解し、法律構成を再考したり、主張・立証の補充を行う。誤解があるようであれば、誤解を解くべく準備書面を作成・提出するなど、適切な対応を行うことが大切です。

ちょっと一言

恐そうな弁護士への対応方法

先方代理人が恐そうな弁護士で、しかも無理な主張を強硬に述べる弁護士だと、争点整理や和解の際に対応に困るもの…。特に若手のうちは気後れしてしまいがちだし…。

そんなときは、しっかり準備した書面での勝負に限ります！ そして、直接の会話は迫力に押されてくじけそうになるリスクがあるので、すべて裁判官に向かって主張・答弁する。直接の会話をせざるを得ない場合には、最小限度、当方の結論と理由などを手短に顔を見ないで臆せず伝える。決してくじけない。殴られはしないのだから。

十分に検討・準備された正当な主張であれば、裁判所はあなたの味方だから大丈夫です！

第5 依頼者を納得させる和解のテクニック

1 和解案は自分で作ろう

和解案は、自分で作成することをおすすめします。特に若手のうちは、裁判所や先方から出た案に即時の判断は難しいですが、自分で作成すれば勉強にもなるし、依頼者に都合のよい文言や納得しやすい文言を使えるなど、自分のペースで進められます。条項案を作成する際は、入手が困難なのですが、裁判所が基本書としている『書記官事務を中心とした和解条項に関する実証的研究〔補訂版〕』（裁判所職員総合研修所監修、平成22年、法曹会）が参考になります。

不動産が絡んだ事件の案を作成した場合は、登記手続に支障がないかを司法書士に、予期せぬ課税が生じないかを税理士に、事前に見てもらっておくと事後のトラブルを防げます。

そして、作成した案は、依頼者の了解を得たうえで、サンプル5のような書面で期日前に裁判所と先方に送りましょう。そうすると、事前に検討してもらえて解決が早くなります。

先方だけでなく裁判所にも送るのは、裁判所に進行状況をわかってもらえる、書記官に事前に和解条項の細部を検討してもらえる、自分が解決に向けて努力していることの裁判所へのアピールにもなるなど、種々有益だからです。

■サンプル５　和解についての御連絡

令和５年（ワ）第１２３号事件（次回１２月２５日）

原告　㈱宮城

被告　青葉太郎　外

和解についての御連絡

令和５年１２月２０日

仙台地方裁判所　第３民事部　御中

被告代理人　佐　藤　甲　乙　先生

原告代理人　官　澤　里　美

前記事件について、被告主張に基づいた場合の損害の金額の合計は、　添付の１２月２０日付け計算書のとおり金３３２万６０００円となる。

原告は、被告主張の不具合については手直し工事を終えており、同金額を差し引かれる理由はないと考えているが、早期解決のため譲歩することとし、添付の計算書に原告和解案の列に記載の基礎のクラックへの補強材注入、ドア金具付け換え、壁クロスの部分張替の費用相当額合計金２４万３０００円を解決金として差し引くこと応じることとしたい。

そこで、下記のとおり和解案の骨子を作成したので御検討いただきたい。

記

１　被告は、原告に対し、本件工事の残代金５００万円の支払債務を負っていることを確認する。

２　原告と被告は、原告が解決金として金２４万３０００円を負担することで本件事件を解決することに合意する。

３　被告は、原告に対し、１から２を差し引いた金４７５万７０００円を令和６年１月１６日限り原告指定の口座に送金して支払う。

以上

ちょっと一言

隣接士業とのネットワークの大切さ

司法書士、土地家屋調査士、税理士、不動産鑑定士などの隣接士業と知り合いになってネットワークを構築しておくことは、弁護士にとってとても大切なこととなってきています。

和解や調停の際にその条項で問題が生じないか気軽に聞けるだけでなく、相談された事案についてワンストップで総合的なアドバイスが可能となり、依頼者に喜んでもらえることになります。

隣接士業のネットワークには、互いに気軽に相談できる、そして互いに依頼者を紹介しあえるメリットもあるのです。

2　依頼者納得のうえでの和解成立のポイント

訴訟の進行状況などからして裁判所から提案されている和解案に応じた方が依頼者のためになると思うのだが依頼者が納得してくれない。どのようにすれば依頼者を納得させることができるのでしょうか？ との質問を受けることがあります。

しかし、「1000万円は取れるでしょう。」との甘い見通しで訴訟を提起し、その後の経過報告のないまま数ヶ月が経ってから、突然「300万円で和解しろ。」と言われたのでは、依頼者が納得できないのは当たり前です。

依頼者が納得したうえでの和解を成立させるポイントは、それまでの経過が大切なのであり、次のような点に気をつけるとよいです。

(1)　見通しは厳しめくらいがちょうどよい

まず、提訴前の見通しの説明では、絶対勝ちますなどの有利な結果の請け合いは弁護士職務基本規程第29条２項に反しますので絶対行ってはいけません。見通しは、先方からどのような反論や証拠が出てくるかわかりませんし、少し厳しめがちょうどよいのです。

厳しめの見通しを説明しておけば、厳しめの結果となった場合でも、説明どおりなので依頼者から大きな不満を持たれることはなく、また、普通の結果となった場合は、説明より良い結果になったわけで依頼者からは「先生のおかげです。」と喜んでもらえます。

ちょっと一言

良い解決のための勘所…ゴールとルートを常に念頭に！

依頼者から受任する際は、その時点で得られた情報に基づき、ゴール（最終的な解決、落し所）とルート（方法）を検討し、その見通しを依頼者に説明しますが、先方の出方、主張・立証によってはその見通しが変わってくることがあります。そのような際は、依頼者にとって良いゴール・ルートは何か、納得を得られるルートは何かを随時検討・修正することが早く良い解決を得るために大切となってきます。ゴールを変える際は、納得のために少し時間をかけたルートにした方がよい場合もあります。

ゴールとルートをしっかり意識せずに手続を進めるのは、登山中に迷子になった際にやみくもに歩き回るようなもので、遭難の恐れさえあります。

常にゴールとルートを念頭に置き、必要に応じて随時軌道修正していくことが、依頼者を納得させる良いゴールに導くための勘所です。

⑵　まめな経過報告・打合せを欠かさない

提訴後に先方から反論が出てくるなどしたら書面で経過報告をまめに行い、必要に応じて対策や方針の打合せを行うと、自分に不利な証拠などもあって減額せざるを得ないことを受け入れやすくなります。打合せの際、「第４　法廷をホームグラウンド化する争点整理への対応」サンプル４のような計算書を作成して金額を検討すると、和解に応じた方がよい金額の幅を依頼者も理解しやすくなります。

⑶　最後は本人の納得による決定

和解の手続に入ったら、依頼者に自分の不利な点を十分に認識してもらうために出廷してもらうのが原則であり、成立の際はぜひ依頼者に出廷・同席してもらいましょう。どうしても出廷が無理な場合は、事前の打合せを入念に行って和解に応じる金額の幅を詰めておき、和解の時間帯は電話に出られるようにしておいてもらいましょう。

そして、依頼者の納得のため、無理と思われることでも、依頼者の言いたいことを書面や口頭できちんと代弁する。そのうえで、裁判官に譲歩の余地もあることを伝える。そして、裁判官からの話を裁判官の前で依頼者にかみ砕いて伝える。それを聞いていた裁判官から阿吽の呼吸で補足してもらう。そうすると、依頼者に納得してもらいやすいと感じています。

和解の際の裁判官からの話や案に対する依頼者との協議ですが、私は、裁判官に聞かれたくない場合は別室や廊下で行いますが、裁判官に聞かれてもよい場合は裁判官からの補足を促すのに有益なことなどもあり意図的に裁判官の面前で行うことが多いです。

そして、依頼者本人に和解案に応じることを決定してもらえば、あとで和解に納得できないなどのクレームを受けることはなくなります。

ちょっと一言

現ナマ持参の和解法

金額の多少の開きが残るだけの和解の場合、特に年末の場合は次のような多少えげつない和解の手法もあります。実行するかどうかはあなた次第ですが…。

先方は納得していないが当方が相当と考える和解金を和解当日現金で持参する。その現金を和解の席上に出し、「これで応じてもらえればお渡しするが、応じてもらえなければ持ち帰ります。」と言う。

年末の現金は魅力的。目の前の現金を引っ込められるのは忍びなく、引っ込めようとしたら、「ちょっと待ってください！」と和解成立となることもある…。

3　良い和解のための留意点

(1)　裁判所和解案の提示時期のコントロール

裁判所の和解案が正式に提示されれば、あとはその案に応じるか応じないかの選択だけとなってしまいます。いったん、裁判所が和解案を提示した後、当事者の主張で上下させるようでは、裁判所の鼎（かなえ）の軽重が問われるからです。

そのため、裁判所から和解案が提示されようとした際にまだ自分の主張・立証が足りず不利な案が提示される恐れがある場合は、待ってもらって主張・立証を尽くし、それから提示してもらうようにした方が悔いが残らずに済みます。

ちょっと一言

判決では「しこり」や「かいり（乖離）」が生じるときの和解の大切さ

以前、和解の試みについて、裁判官が判決を書くのを厭っているのではないか、弁護士が横着して妥協しようとしているのでないかなど、消極的評価がされることがありました。

しかし、そのような例が全くないとは言いませんが、ほとんどは判決の方が早くて楽なのですが、判決では良い解決にならない恐れがあるため、当事者の納得を得るために労力と神経を使いながら和解が試みられているのです。

特に、判決では当事者の感情に「しこり」が生じてしまう場合や、法の不備などにより判決と望ましい解決とに「かいり（乖離）」が生じてしまう場合は、良い解決のために和解が大切になってくるのです。

⑵ 依頼者を説得ではなく、依頼者が納得の大切さ

弁護士は依頼者の説得が大切と言われることがあります。

しかしこれは、間違いです。依頼者を理屈で説得して弁護士が勝っても、依頼者には不満が残るだけです。

前述のように経過をまめに報告し、和解協議にも同席してもらい、依頼者が和解案を納得して受け入れられるように段取りすることが大切なのです。

依頼者を理屈で説得して納得させたとしても、感情が納得しないと不満が残り、クレームなどのトラブルとなるので要注意です。

⑶ 強い方が少し譲るくらいがちょうどよい

先方の理不尽な要求に応じる必要はありませんが、先方にも法的・

証拠的には無理だが多少の言い分、同情すべき事情があるような場合、強い方が少し譲歩して和解で解決するのがちょうどよいと思っています。

法的理由のない譲歩は損な気もしますが、少しの譲歩であれば、強い方には痛くはないし、争いの継続で費消する労力、譲歩への先方からの感謝を考慮すると、むしろ得にもなるからです。

「金持ち喧嘩せず。」は、正しい選択です。

ちょっと一言

良い弁護士とは？

良い弁護士は、勝つべき事件は勝ち、負けるべき事件はきれいに負ける。

どんな事件でも勝つ辣腕弁護士が良い弁護士にも思えます。しかし、負けるべき事件で無理なことや汚いことをやって勝ってしまうと、払うべき金を払わずに済んで短期的にはプラスのようでも、そのような人や会社は周りから敬遠されて長期的には大きなマイナス。

だから、良い弁護士は、負けるべき事件は、依頼者にそれを説明し、こじらせずに早期に払うべき金は払ってきれいに解決する。それが、依頼者のためだから。

と、司法修習生の頃に弁護教官から教わり、私も同じように法科大学院生や司法修習生に教えています。

Column 1

疲れたときの心の糧　～「私の3枚」～

仙台弁護士会の会報には会員のエッセイ欄があり、音楽や本、スポーツ、食べ物などについての会員の軽い記事が掲載されています。

私は、音楽が好きで今もいろいろなライブに行っているのですが（ライブのノリで講義をしたいなどと言いながら）、東日本大震災の際に音楽が果たした役割を書き残したくて平成24年3月号に「私の3枚」とのタイトルで以下のようなエッセイを掲載しました。

仕事や経営で心が疲れたとき、多少効くかもしれませんので御笑覧ください。

1　レコードの思い出あれこれ

平成23年8月の会報で大嶽先生の新シリーズ「私の3枚」を読んだ瞬間、私も書きたい！ と思い執筆依頼もないのにすぐにセレクトを始めました。大学1～2年生の頃に盛んに合コンを行った際、無人島で一生暮らさざるを得なくなったら持って行くレコードは何か？ という話題で盛り上がったことを思い出しながら（写真は当時の私です）。

さて、自分の部屋を見渡すと、レコード、カセットテープ、CDがたくさんある！

弁護士になって良かったと思うことの一つが、買いたいと思ったCDを財布の中身を気にせず買えること。しかも、最近は、店に行かずにネットで気軽に買える。学生のときには買えなかった「ライヴ・イン・ジャパン」（ディープ・パープル）、「4ウェイ・ス

トリート」(CSN&Y)、「シルク・ディグリーズ」(ボズ・スキャッグス)などをCDで買えたのも弁護士になってからでした(弁護士でなくとも買えているか…)。

でも、贅沢な悩みかもしれないけれど、学生の頃に比べてありがたみや思い入れが薄くなってきたような…。

中学生の頃は、小遣いを貯めて400円のシングルを悩みながら買いました。1800円のLPを買うにはかなりの決断が必要でした。

やっと買えたレコードは、駅前のエンドー・チェーンで4500円で買ったレコードプレーヤーで聴きました。ただし、ターンテーブルが17cmなので、LPはフタを開けたまま聴かざるを得ませんでした。

ターンテーブルにレコードを置いて、針を静かに落とすときの緊張感。歌詞カードを見ながら真剣に聴き、クリーナーで拭いて大切に収納。

友人同士でレコードの貸し借りもしたけれど、扱いが乱暴な友人に貸すと返ってくるまでが心配でした。

ということで、私の3枚は、小遣いを貯めて自分で買ったレコードの中から思い入れのあるものをセレクトしました。

2　私の3枚:LPレコード

①　レッド・ツェッペリン『レッド・ツェッペリンⅣ』

中学生のときにNHKのテレビで「移民の歌」のライブを見てレッド・ツェッペリンを知りました。友人の兄が『レッド・ツェッペリンⅣ』を持っているというので借りて聴くと凄い! そこで、自分でも買ってしまいました。

ボーカルのロバート・プラントのかん高い“ヘヘィマム…”で始まる「ブラック・ドッグ」から、ライブのメドレーのようにジョン・ボーナムのドラムで途切れず「ロックン・ロール」と続いていき、A面ラストが白川道の小説のタイトルにもなった名曲「天国への階段」。

小説ではこのLPが重要なアイテムとして出てきます。CDではアイテムにはなり得なかったでしょう。

初めて聴いたときは間違って45回転にしてしまい、すごく前衛的だと間抜けな衝撃を受けてしまいました…。3曲目あたりで気づいて33回転に直して聴きましたが。

なお、念のためですが、レコードには、直径30cm・1分33回転で聴くLP（アルバム）と直径17cm・1分45回転で聴くEP（シングル・穴が大きいのでドーナツ盤とも言う）があり、回転数を間違うと悲惨な音になります。いかれたレコードはフリスビーのように投げるとよく飛びますが、人に当たると首を切り落とすほど危険らしいので試さないでください。

②　サイモン＆ガーファンクル『グレイテスト・ヒッツ』

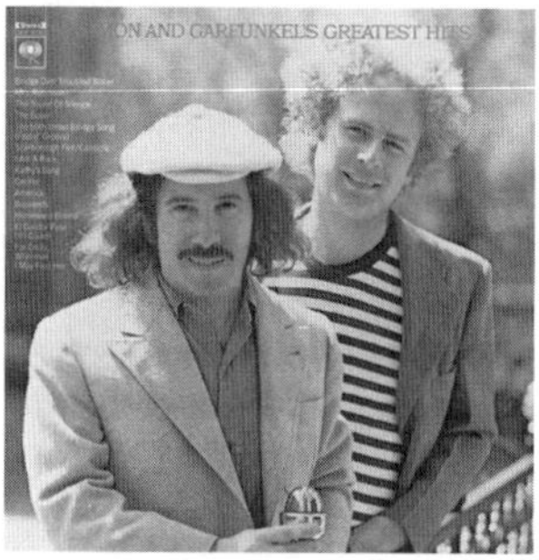

サイモン＆ガーファンクル
『サイモン＆ガーファンクル・グレイテスト・ヒッツ』
Sony Music Labels Inc.

中学生のときにラジオで「サウンド・オブ・サイレンス」を聴いてS&Gが好きになり、本人たちが選曲・作成した初めてのベスト盤ということで高校か大学のときに買ったのがこれです。

S&Gでは「明日に架ける橋」「コンドルは飛んで行く」などが有名ですが、「早く家に帰りたい」「59番街橋の歌」「ボクサー」「アイ・アム・ロック」なども好きです。いろいろと悩んだときにこのレコードをよく聴きました。

「明日に架ける橋」は大震災後に合いそうな歌なのですが、そのときあまり聴いた記憶がありません。古くなって知っている人が減ったということでしょうか。

そういえば、私も、大学卒業後はS&Gをあまり聴かなくなりました。なぜ生きるのか悩み考えても無意味、どう生きるのかが大切と考えるようになったからでしょうか…。

③　吉田拓郎『今はまだ人生を語らず』

LPでは私のベスト1！　私はこのレコードに随分と助けられました！“どうせ力などないのなら、酒の力を借りてみるのもいいさ”と字余りを軽快にまくし立てる「ペニーレインでバーボン」で始まり、“越えて行けそこを！　越えて行けそれを！”と「人生を語らず」で背中を押される。南沙織を歌った「シンシア」、酔ったときに口ずさんでしまう「三軒目の店ごと」、ライブのオープニングに使われることが多かった「知識」など、名曲ぞろいで密度が濃い。東日本大震災後、初の出勤日の3月14日、朝日の中をもくもくと勤務先に向かう人たちを見たら、このレコードの中の「おはよう」が頭に浮かび、頑張ろうと前向きの涙が出ました。

すり切れたのでCDを買いたいのですが、「ペニーレインでバーボン」の歌詞の中に差別用語が含まれているということで廃盤になったままなのが全く残念です。

3　私の3枚（おまけ）：EPレコード

①　トワ・エ・モワ「或る日突然」

私を歌謡曲からフォークに導いたのがこのレコードです。ジャケットの上部には“これがニューフォークだ！”との宣伝文句がありますが、今となっては少し恥ずかしいですね。

根白石農協の有線放送で聴いて買った「学生街の喫茶店」（ガロ）とどちらにするか少し悩みました。

②　ニルソン「ウィザウト・ユー」

“あなた無しでは生きていけない”と歌い上げるラブソングの名曲です。カセットで名曲集を作って贈るときにも何回か収録しました。数年前にCMにも使われたこともありましたね。

洋楽から1枚セレクトしようとして、東北放送ラジオにリクエストして名前を呼ばれた「気になる女の子」（メッセンジャーズ）、「木枯らしの少女」（ビョルン＆ベニー…二人は後にABBAになります）と迷いました。

③ ピッグ「自由に歩いて愛して」

私の中でグループサウンズからロックへの架け橋となったレコードです。

EPでの私のベスト１！ イントロが抜群にカッコイイ！

この曲をオープニングとしてDJをやりたかったほどです。ローカルFMで法律相談コーナーを自作自演で行っていたとき、この曲をオープニングに使おうと考えました。でも、さすがに合わずに渡辺貞夫の曲を使いました。

ジャケットにはメンバーの写真があり、タイガースの沢田研二、テンプターズの萩原健一がボーカルでした。その後、沢田研二はソロ歌手に、萩原健一は俳優になりましたが、他のメンバーは、太陽にほえろのテーマソングなどカッコイイ曲を連発した井上堯之バンドとなりました。

4 人生を全うするためにたくさんの心の糧を

大学生の頃、聴きたいと思った曲がいつでも聴けるようにと、FMラジオからいろいろなジャンルの曲をカセットテープに録音しました（当時はエア・チェックと言った）。歌謡曲、フォーク、ロック、ニューミュージック、ポップス、フュージョンなど…、カセットテープの数は1000本を超えました。大学３年生頃からの司法試験受験時代は、吉田拓郎、甲斐バンド、浜田省吾、ディープ・パープルなどをウォークマンで聴いて心を鼓舞し、何とか乗り切れました。

東日本大震災直後、歌手やスポーツ選手は、自分たちに何ができるのだろうかと悩んだと聞きました。被災者に必要なのは食料であって、自分たちは必要とされていないのではないかと。でも、アンパンマンのマーチや野球・サッカーの４月29日宮城キック・オフ・ディのように、歌やスポーツは被災者をたしかに励ましていました。

動物として生きるだけであれば、食料があれば足りるのかもしれません。

しかし、人間として生まれて生きるのは、幸運であり喜びもあるものの、うまくいかないことや辛いことも時々あり、食料だけでは人生を全うするのは容易ではありません。音楽、文学、美術、スポーツなどは、そのようなとき心の食料となって生きるのを助けるのだと思います。音楽、文学、美術、スポーツなどを総称するうまい言葉が浮かばないのですが、仮にまとめて芸術というのであれば、

食料は、口から入って体を喜ばせる体の糧となり、

芸術は、目や耳から入って心を喜ばせる心の糧となるのです。

辛いときを乗り切り、生き抜いて人生を全うするため、食料だけでなく、自分の心の糧となるもの（音楽、本、スポーツなど…）をたくさん見つけて貯めておくのが大切なのだと思います。

第6 裁判所に受ける尋問の準備とコツ

1　尋問の目的

尋問は、事実関係の争点について書証で足りないところを補うために行うものですから、足りないところがない、法律上の争いのみ、ということになれば尋問不要ということになります。争点を整理していった結果、尋問を行わないで結審・判決となる事件も実際にあります。

なお、人証は、その争点について最良の人1名を申請してください。複数名を申請・尋問するのは、重複で無駄なだけでなく、食い違いが生じたりして逆効果の恐れがあります。同じ場所にいてもそれぞれの関心の度合いにより記憶していることが微妙に食い違っていることがあり、重要な部分は一致していて信用性が高いにもかかわらず、微妙な食い違いを反対尋問で突かれて重要な部分についてもしどろもどろになって信用性が減殺されるからです。

2　陳述書の目的と使い方

陳述書は、集中証拠調べの効率化と充実のために提出を求められる書証で、人証として尋問を受ける人の供述内容を記載した書面です。主尋問の代用となって尋問時間を短縮する機能と、反対尋問の準備のために供述内容を事前開示する機能を有します。そのため、陳述書は、尋問が決まった人について、遅くとも尋問の1週間前までに提出するのが基本的ルールとなります。

陳述書を提出した場合、主尋問は、あまり争いのないところや周辺事情、いきさつなどについては陳述書に譲って尋問は省略してしまう。しかし、争点については陳述書に記載していても主尋問を省略しないというのが多くの裁判官や弁護士の共通の認識となっています。これは、争点については供述する際の態度なども心証形成や反対尋問の資料として重要であり、陳述書の記載だけでは裁判所も心証をとれないからです。私は、争点については、陳述書に記載したうえで別の角度から主尋問を行って裁判所に印象づけようとすることが多いです。

3　陳述書の作成方法

では、どのようにして陳述書を作成するかですが、私は、これまで十分に事情を聞いて主張書面を作成してきていた当事者・証人については、これまでの主張書面や打合せメモなどをもとに起案し、本人による加除訂正・署名押印で完成させています。新たな証人については、聞きたいことの項目を連絡して本人にメモなどを作成してもらい、それを陳述書の体裁に整理して起案し、本人による加除訂正・署名押印で完成させています。

なお、少し曖昧なところも断定的に記載したいとの誘惑を感じることもあるかもしれませんが、曖昧なことは曖昧なままの記載に止めた方がよいです。反対尋問で追及されたら実は違っていたというのでは他の部分の信用性も薄れてしまいます。

また、場所や移動コース、計算書類の見方や矛盾などは、尋問時に質問して言葉で表現させるのは困難だったり時間を要することになるので、書証のところで説明したように、書き込んだ図面や計算書類を作成し、説明用の書証として提出するか陳述書に添付するかし、尋問はそれを示して行うのが効率的でおすすめです。

陳述書の作成には相当な労力と時間を要しますので、尋問が決まっていない人の陳述書は、その作成、応酬などに無駄な労力と時間を費消することを防ぐため、提出しない、提出させない、提出されたら却下を求める、が原則だと思っています。そのような労力と時間は、争点整理や和解に費消するのが建設的です。

ちょっと一言

保全事件の陳述書（報告書）

仮差押えなどの保全事件の申立ての際、疎明方法として陳述書（報告書）を提出することが一般的です。

保全事件では、一般的には人証の尋問は行われず、書証のみで決定が行われるため、通常の書証だけでは疎明できない部分を補うために作成・提出する疎明方法が、保全事件の陳述書（報告書）なのです。

ですから、陳述書を作成する際は、書証で十分に疎明されている部分（例えば、借用証書がある場合の貸付の事実とその内容など）は簡単な記載で足り、不十分な部分（例えば、保全の必要性や借用証書がない場合の貸付の事実とその内容など）は詳細に記載することが必要となります。

4　尋問の基本

主尋問は、尋問される本人が主役で、時系列に沿って、自分の言葉でストーリーを語らせるのが原則です。緊張する本人に自分の言葉でストーリーを語らせるのが弁護士の責任になります。

反対尋問は、尋問する弁護士が主役で、テーマごとに、獲得目標の言葉に向かってイエスと答えざるを得ない質問を繋いでいき、追い込んでいくのが原則です。敵対する相手から目標の言葉を獲得するのが弁護士の腕の見せ所になります

いずれも、しっかりした尋問メモを作成し、基本的なことを間違えないように、フリガナをつけた人間関係図や時系列表なども作成して尋問中は手元に置くとよいです。当事者の名前を間違えると依頼者は

ガッカリしますので。なお、私は、最近年のせいか咳き込みやすくなっているため、のど飴や水も準備しておきます。

尋問の際に示す書証などは、原本や写しに付箋をつけて順番に並べておくと尋問がスピーディーになります。書証の分量が多くて裁判官が記録から示している書証を探すのに手間取りそうなときは、示す書証をコピーしたものを示す順番に並べて綴じたものを裁判官に渡す（合議事件では裁判官の人数分を渡す）と、裁判官が書証を探しあてたか気にせず尋問のスピードアップすることができる（持ち時間を有効に使える)、裁判官に供述内容を理解してもらいやすくなるなど有益です。

5　主尋問の準備とコツ

主尋問メモは、主として陳述書から作成します。回答や裏付け資料も記載し、異なる回答が出た場合の質問と回答も記載しておくと万全です。本人とのリハーサルを経て完成させます。なお、主尋問メモを本人に渡すのは、暗記して不自然になるので止めた方がよいです。

主尋問は、緊張する本人に自分の言葉でストーリーを語らせるのが弁護士の責任になりますが、私は、次のように行って切り抜けています。

まず、争いのないことを誘導で聞いたり、間違えようのない単語を聞いて答えさせ、緊張を解いていく。そして、争いのあるところに入っていく。混乱したら、二者択一の質問や、単語を聞く質問を繋いで本来のストーリーに導いていく。

日時は、正確に記憶していないのが普通で記憶しているのが不自然なので、記憶で答えさせるのではなく、契約書などの書証を示して確認したり、行事などとの関係で答えさせるとよいです。

主尋問は、サッカーならディフェンダーであり、失点を防いで当たり前なのが辛いところです。主尋問が終わると本当にホッとします。

ちょっと一言

尋問を不安がる本人を安心させる言葉

尋問を受けるのは初めての人が多く、不安がって主尋問メモを渡してほしいと言う人もいます。しかし、主尋問メモを渡すと、真面目な人ほど丸暗記してきて不自然な供述になり、ちょっと異なった聞き方をしただけで暗記したのと違うとあせってグチャグチャになる恐れがあります。

私は、不安がる本人には、「私が聞くのは、すべてあなたに教わったことだけ。あなたが知らないことはない。緊張してうまく答えられなくとも、それをうまく答えさせるのが弁護士の仕事。私はそのプロだから任せなさい。」と言って安心させています。

ちょっと一言

不利な事実などの主尋問での取扱い

自分の方に不利な事実や奇妙な事実がある場合、主尋問でどう取り扱うかは悩ましいもの。もちろん嘘をつかせてはいけませんが、主尋問でわざわざ聞く必要はありません。先方弁護士が反対尋問で聞いてくれば記憶どおりに答えるように言っておきますが、先方弁護士が聞いてこなければ先方弁護士の検討・準備が足りないだけのことです。

ただ、先方弁護士や裁判官が聞いてくるであろうことが予想される場合は、先方弁護士から聞かれて責め立てられるのは得策ではないので、主尋問において防御的な説明も含めて聞いてしまった方がよいです。そして、その時期は、序盤と終盤は印象に残るので、中盤に行うとよいです。

6　反対尋問の準備とコツ

反対尋問メモは、これまでの主張書面・書証・陳述書から獲得目標の言葉を決定し、その目標を獲得するために適切な尋問の順序を考えて作成します。質問はイエスで繋ぐように作っていき、回答が予想に反した場合のために裏付け資料も記載します。さらに、当日の主尋問の結果により現場で手書きで修正して完成させます。

反対尋問は、敵対する相手から目標の言葉を獲得するのが弁護士の腕の見せ所になります。なかなか容易ではありませんが、サッカーならフォワードであり、１点取れば賞賛されますので、私は、次のように行って楽しんでいます。

まず、敵対心を解くような質問から入り、獲得目標の言葉を気づかせないように注意しながら、その目標に向かってイエスで答えざるを得ない質問で繋いで追い込んでいく。目標の言葉を獲得できた場合は、矛盾を指摘したり理由を聞いたりせず終える。目標の言葉を獲得できない場合は、潔く尋問を打ち切る。場合によっては、信用性を崩すだけの尋問を行って終えることもあります。尋問は、聞く目的の不明確なことは聞かない方がよいのです。

なお、反対尋問は、いくら準備しても当日どんな発言が出るかわかりませんので、リアルタイムで矛盾点発見・即興の質問を行えるように極限まで集中することが大切です。

反対尋問を始める際、主尋問の供述内容により尋問の順序・内容の再検討が必要な場合があります。そのような場合は、裁判官に言って少し時間をもらいましょう。渋られたら検討時間の分だけ反対尋問の時間を削ってもらえばよいのです。検討不足の反対尋問を30分行うより、十分検討した的確な反対尋問を10分行う方が効果的です。

目標の言葉を獲得できた場合、勝ち誇ったように従前の主張・供述との矛盾を指摘したり理由を問い詰めたりしたくなりますが、それは止めましょう。間違いでしたと言い直されたり、言い訳されたりしてせっかくの反対尋問の効果を減殺します。

ジグソーパズルの重要なピースを気づかせないで獲得し、最終準備書面でこちらに有利な絵を完成させて見せるのが粋な反対尋問かなと思っています。ただ、尋問直後に和解が想定される場合は、その対策のために裁判官にこちらが勝ち筋だと印象づける尋問を最後に行うことが効果的です。

ちょっと一言

不審な供述態度を調書に残そう！

反対尋問を行っている際、先方の本人や証人が答えに窮してしまい、沈黙したりハンカチで冷や汗を拭いたりすることがあるもの。そのような不審な態度は、供述の信用性を減殺するものですが、調書に残さないと裁判官が変わったときに引用に困ってしまいます。

そのようなときは、次のような尋問で供述態度を調書に残しましょう。

「私の質問に対し、あなたは答えられずずっと黙っていましたね。」

「今、あなたは暑くもないのにハンカチで汗を拭きましたね。答えるのが冷や汗が出るほど苦しいのですか。」

「あなたは、私が質問したら困ったような顔をして被告の方を見ましたね。被告の前では答えづらいのですか。」

ちょっと一言

一発逆転狙いの駄目元の反対尋問

反対尋問は、目標もなく行うことは止めた方がいいのですが、嘘をついていると思うが崩すネタが思いつかない、しかし、この尋問で崩さないと敗訴濃厚となるようなときは、次のような駄目元の反対尋問もありです。

主尋問の際に争点であるにもかかわらず漠然とした供述だった部分について、詳しい状況や誰と具体的にどのような会話があったのか細かく聞いていく。先方弁護士が細かく聞くとボロが出るために漠然とした供述に止めた場合であれば、ボロが出てきて一発逆転も狙えます！

先方弁護士が楽をしようと思って細かく聞かなかっただけの場合は、主尋問の供述内容を固めてしまう壁塗り尋問になってしまいますが、チャレンジしなければ敗訴濃厚だったわけですから駄目元です！

7　具体例で解説…陳述書と尋問メモの作成

今まで述べた陳述書や尋問メモの作成について、次の設例を用いて具体的に解説していきます。

［設例］

菅野美智子は、中古車販売の東京自動車㈱で働くいとこの三神修から頼まれ赤い「カンザー」を500万円で買う契約を令和２年２月13日にBurger Shop 原宿店で締結。しかし、２月は売上ノルマに達しているので、３月の売上にするため３月13日の日付で契約（契約書は甲

１号証）。代金は３月末に250万円・４月末に250万円を支払う約定。

契約の際は、修の妻裕子も同席し、修は、２月の期間限定のウエスタンサンドバーガーを３名分注文して３名で食べた。

ところが、３月５日にそのタイプの「カンザー」に欠陥があることが判明し大規模なリコールが行われることになり、中古車相場も50％減となった。

美智子は、欠陥を知っていたら500万円では買わなかったと契約の無効・取消しか250万円への減額を主張して代金の支払を拒んでいたところ、東京自動車㈱から提訴された。

東京自動車㈱の担当者の修は、美智子は、欠陥でリコールが行われることを知りながら、３月13日に自分を助けるため500万円で買ってくれたと主張。

締結場所がBurger Shop原宿店で、裕子も同席していたことには争いがない。

契約締結日が２月13日か３月13日かが争点。

［契約締結の日についての菅野美智子の打合せ時の発言内容］

契約書には、令和２年２月13日にBurger Shop原宿店で署名・押印した。修の妻裕子も同席した。

座った場所は、カウンター近くの窓際の４名掛けのテーブルで、私は外が見えるイスに座った。バレンタインデーの前日で、向かいの高級チョコレート店のバレンタインデーのディスプレイが華やかだったのが印象に残っている。

修は、２月の期間限定のウエスタンサンドバーガーを注文してごちそうしてくれた。領収書をもらっていたので、会社の経費にしたのだと思う。

その日に契約書に署名押印したが、修は、２月は売上ノルマに達しているので、３月の売上にしてくれと言うので、契約書の日付は３月

13日とした。

⑴　菅野美智子の陳述書の解説

[陳述書の例]

１ｐ目…表紙

令和３年（ワ）第1234号事件

原告　東京自動車㈱

被告　菅野美智子

陳述書

令和４年２月　　　日

東京地方裁判所　民事部　御中

私は、貴庁の前記事件について、次ページ以降のとおり陳述致します。

氏名　　　　　　　　　　　　　　　　　　印

２ｐ目…本文

１　私は、中古車販売の東京自動車㈱で働くいとこの三神修君から頼まれ、「カンザー」の中古車を500万円で買う契約を、令和２年２月13日にBurger Shop 原宿店で締結しました。

契約書の日付は３月13日となっていますが、実際に締結したのは１ヶ月前の２月13日です。

日付を３月13日としたのは、修君から、２月は売上ノルマに達しているので、私との契約を３月の売上にしたいので、契約日を３月13日にしてほしいと頼まれたからでした。

2　この日は、修君の奥さんの裕子さんも同席し、修君にハンバーガーをごちそうしてもらいました。

私は、添付の図面のＡのイスに座って外がよく見えたのですが、ちょうどバレンタインデーの前日で、向かい側の高級チョコレート店のバレンタインデーのディスプレイが華やかだったのが印象に残っており、実際に契約を締結したのは２月13日で間違いありません。

3　修君は、３月13日に契約を締結したと言っていますが、私が買ったタイプの「カンザー」に欠陥がありリコールが行われることが３月５日に発表されており、その発表後であれば500万円で買う契約を締結するはずもなく、実際に契約を締結したのは、２月13日で間違いありません。

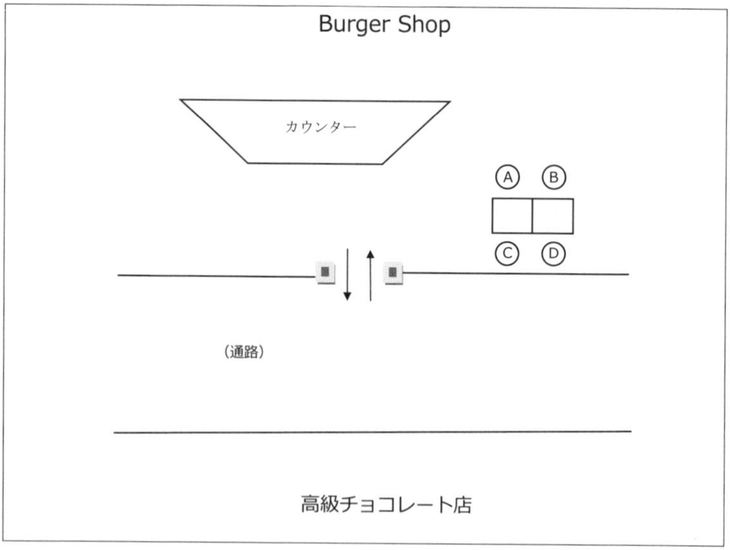

［解説］

本設例では、契約した場所や契約内容については争いがなく、実際の契約日が欠陥判明前の２月13日なのか判明後の３月13日なのかが争点となっています。そして、契約日が２月13日なのであれば、契約書の日付が３月13日となっているので、契約書の日付を１ヶ月後にした理由を裁判官が納得できるように説明できるかが問題となります。

契約書の日付を１ヶ月後にした理由については、そのとおり陳述書に記載して主尋問でもそのとおり供述してもらいます。そのとおり供述してもらえるように尋問できるかが問題となりますが、それは主尋問メモのところで解説します。

契約日が２月13日であることについては、バレンタインデーの前日で向かいの店のディスプレイが印象的だったこと、そして２月限定のメニューを食べたことが決め手となる重要な事実となります。

向かいの店のディスプレイが印象的だったことについては、そのとおり陳述書に記載して主尋問でもそのとおり供述してもらいます。座った場所を主尋問で供述してもらうのは緊張して難しい場合もありますので、図面を添付して誘導と言われないように符合を付して主尋問ではその符合を言ってもらいます。

２月限定のメニューを食べたことについては、陳述書に記載すると先方がそれを食べていたことを認めると２月13日契約となってしまうと気づき、本当はそれを食べているのに否定してきて何を食べたかが争点になる恐れがあるので、準備書面にも陳述書にも記載せず、主尋問で口頭で供述してもらいます。

陳述書への署名押印は、本来なら陳述書が完成してから行ってもらうところなのですが、完成が提出期限のギリギリになると郵送や来所では間に合わない恐れもあります。そこで、１pは署名押印のみのページとして2p以降を本文とし、１pの署名押印だけ先に行っておいてもらい、本文についてはメールやFAXでやりとりして完成させて添付する方法で行うとよいです。

⑵　菅野美智子の主尋問メモの作成

尋問メモ（美智子-主尋問）の例

（陳述書を示す）

この陳述書の署名・押印はあなたが行ったものですか。

「そうです。

この陳述書は、私があなたから聞いた話しをまとめて、あなたに確認してもらって作成したもの。

この内容に間違いないか。

「間違いありません。

（甲１を示す）

あなたがこの契約書に署名押印したのは、Burger Shop 原宿店でですね。

日付が令和２年３月13日となっていますが、この日に署名押印したのですか。

「違います。

では、いつ署名したのですか。

「１ヶ月前の２月13日です。

バレンタインデーの前日ですか。

「そうです。

なぜ、１ヶ月後の３月13日としたのですか（※１）。

「修君から、２月は売上ノルマに達しているので、３月の売上にするため３月13日の日付で契約してほしいと頼まれたからです。

↓※１　を答えやすいようにする尋問案

契約した日、修君から毎月の売上ノルマの話しがありましたか。

「あった。

修君は２月の売上ノルマについて何と言っていましたか。

「ノルマに達している。超えていると言っていました。

それであなたが買う「カンザー」の売上についてどうしたいと言っていましたか。

「３月の売上にしたいと言われました。

３月の売上にするためにどうしたいと言われたのですか。

「契約の日を３月13日にしてほしいと言われました。

それをあなたは了解したのですか。

「了解しました。

それで、バレンタインデーの前日２月13日に契約したのだけど、日付は３月13日にしたわけですか。

「そうです。

契約した日のことで印象に残っていることはありますか（※２）。

「私は外が見えるイスに座ったのですが、バレンタインデーの前日で、高級チョコレート店のバレンタインデーのディスプレイが華やかだったのが印象に残っています。

↓※２　を答えやすいようにする尋問案

陳述書の添付図面を示します。

あなたはこの図面のどのイスに座ったのですか。

「Ａのイスです。

外はよく見えましたか。

「見えました。

見えたもので印象に残っているのは何ですか。

「高級チョコレート店のバレンタインデーのディスプレイが華やかだったことが印象に残っています。

その日はBurger Shopで何を食べましたか（※３）。
「修君にウエスタンサンドバーガーをごちそうしてもらい
ました。
↓※３　を答えやすいようにする尋問案
Burger Shopにはチーズバーガー、アボガドバーガー、ウエスタンサンドバーガーといろいろありますが、その日食べたのは何でしたか。
「ウエスタンサンドバーガーでした。

ごちそうしてくれたということは、ハンバーガーのお金は修君が払ったのですか（※４）。
「そうです。
修君は店から領収書をもらっていたのですか。
「もらっていました。
修君は何のために領収書をもらったと思いますか。
「会社の経費にしたのだと思います。

あなたが買ったタイプの「カンザー」に欠陥があり、リコールが行われることが３月５日に発表されましたね。
それを知っていたら500万円で買う契約をしましたか。
「しませんでした。
契約書の日付は３月13日だが、実際に契約した日は３月５日の発表前だったから500万円で買う契約をしてしまったのですね。

【解説】

主尋問メモは、陳述書のデータを加工して作成していきます。
行間は、陳述書より詰めて枚数を少なくします。その方が一覧性があり尋問がしやすいからです。右余白は、50mm に設定しています。直前のリハーサルや尋問中に気づいたこと等を書き込むためです。これらは、反対尋問メモを作成するときも同じです。

予想回答も「をつけて記載しておきます。緊張して記憶どおり供述できない場合に記憶喚起用に示すため、裏付け資料（書証や準備書面）も記載しておきます。

主尋問メモの例では、まず陳述書の真正・内容に間違いがないことについて聞いています。

次に争いのないこと、本設例では契約書に署名押印した場所を誘導で聞いています。場所を言い間違えたりしないようであれば、緊張を解くために「どこで署名押印したのですか？」と間違えようのない単語を聞いて答えさせることもあります。そして、だんだんと争いのあるところに入っていきます。

契約書の日付を１ヶ月後にした理由について、※１のように聞いて予想回答のとおり答えてもらえればよいのですが、予想回答のような長い答えは緊張して上手にできないことが多くなります。そこで、答えやすくするためには、↓に記載したように短い答えを聞いていくようにするとよいです。

バレンタインデーの前日で向かいの店のディスプレイが印象的だったことについて、※２のように聞いて予想回答のとおり答えてもらえればよいのですが、緊張して難しそうであれば、↓に記載したように短い答えを聞いていくようにします。

そして、本設例の核心である２月限定メニューを食べたことを聞きます。※３のように聞いて予想回答のとおり答えてもらえればよいのですが、緊張して難しそうであれば、↓に記載したように択一式にして答えてもらうとよいです。

２月限定メニューであることは、後に先方の人証、本設例でいえば担当者である三神修の証人尋問が予定されているような場合は答えさせてはいけません。後での三神修の証人尋問の際、本当は２月限定メニューを食べていた場合でも、それを食べたと答えたら２月13日契約となってしまうと感づき、違うメニューを食べた等と供述されてしまう恐れがあるからです。

三神修の証人尋問で「ウエスタンサンドバーガー」を食べたと答えてもらって固めた後で、２月限定メニューだったことを菅野美智子の本人尋問で供述させたり裏付けの書証を提出し、３月13日契約が虚偽であることを明らかにするのです。

※４のところは、２月13日契約の立証が不十分なような場合、三神修が領収書を会社に提出して経費としていればその領収書を書証として提出してもらうため、聞いてみています。

(3) 三神修の反対尋問の例

三神修の反対尋問での獲得目標は、「ウエスタンサンドバーガー」を食べたことを認めてもらうことです。２月限定メニューだったことに気づかれると別のバーガーを食べたと証言される恐れがあるので、２月限定メニューだったと気づかれないように注意しながら、食べたのが「ウエスタンサンドバーガー」であることが重要な事実であることに気づかれないように、フレンドリーに尋問していってさらっと認めてもらうようにします。

例えば、私なら以下のような「はい」と答えてもらえるような質問を繋げていきます。

あなたはハンバーガーが好きなのですか？

私も好き。私はテイクアウトしてトッピングしてビールを飲みながら食べるのが好き。

Burger Shop のウエスタンサンドバーガーは私も食べましたけど、美味しいですよね？

それで、菅野美智子さんとの契約締結の際、Burger Shop でウエ

　　スタンサンドバーガーを注文したのですね？

　最後の質問に三神修から「はい」と答えを得ても、「ウエスタンサンドバーガーは、２月の期間限定メニューだったのです。３月13日に契約したとの供述は嘘ですね。」などと勝ち誇ったように質問してはいけません。

　三神修から「勘違いでした。ウエスタンサンドバーガーを食べたのは別のお客さんとでした。菅野美智子さんとの契約締結の際に注文したのはアボガドバーガーでした。」などと訂正される恐れがあるからです。

　三神修が領収書を会社に提出して経費としていればその領収書を書証として提出してもらうことも検討するため、経費としたかどうかも次のように質問して聞いておきたいと思います。

　会社の経費にしていたら必要に応じて書証として提出してもらいますし、経費にせずに自腹だったら諦めることになります。

　　菅野美智子さんとの契約締結の日に食べたウエスタンサンドバーガーの代金はあなたが払ったのですね？

　　領収書をもらいましたよね？

　　営業のために払ったのだから会社の経費にしてもらったのですね？

8　上手な「異議」の使い方

　尋問の際は異議を上手に使うことが大切です。民事訴訟規則114条・115条を理由とした異議を上手に使うことにより、相手方代理人の不適切な尋問で、事実がねじまげられることや本人がいじめられることを防げるのです。

　では、具体的にどのように異議を使うのか説明していきます。

⑴ 誘導

主尋問で争点について誘導尋問が行われた場合は、「誘導です！」とか「争点ですので、誘導でなく尋問してください。」と述べ、本人・証人に具体的な供述をさせましょう。

陳述書や書証と異なる供述が出てきて反対尋問のネタを拾えたり、具体的な供述ができずにしどろもどろになって主尋問で相手方の主張が自壊することさえありますので。

⑵ 誤導

本人・証人が答えたことと異なることを枕にした質問が行われた場合は、間髪入れずに「誤導です！」と述べ、誤導による答えを防ぎましょう。

例えば、被告が原告の高価な花瓶を壊したことによる損害賠償請求訴訟において、原告は、被告は酒癖が悪く、原告が自宅を新築したのが悔しくて壊したと主張していますが、被告の陳述書には「原告宅の新築祝の宴席で原告から何回もしつこく酒を勧められ、飲み過ぎて酔って意識朦朧となって花瓶に触って落としてしまったのです。」と記載があったとします。

被告本人の主尋問で「飲み過ぎたのはなぜですか？」「原告から酒を勧められたからです。」の後に、「原告から何回もしつこく勧められたから飲み過ぎたのですね？」と質問が続いたら、「誤導です！ 被告は何回もしつこく勧められたとは言っていません。」と異議！

主尋問で「花瓶に触って落としてしまったときはどのような状態でした？」「酔って気が大きくなっていました。」の後に、「酔って意識朦朧となって花瓶に触ってしまったのですね？」と質問が続いたら、「誤導です！ 被告は意識朦朧とは言っていません。」と異議！

と、尋問での供述がねじまげられることを防ぎましょう。

裁判官は、誤導かなと思っても、相手の代理人が異議の述べず放置すると、それでよいのかなと思ってしまうことがあるそうですので、誤導の場合は、間髪入れず異議を述べましょう。

(3) 侮辱・困惑・威迫

相手方代理人が尋問されている本人や証人を侮辱したり、困惑させるような質問を行ったり、威迫するような言動で質問を行ったら、いじめられるのを放置せずに異議を述べて助けましょう。

例えば、息子の行動を知らなかったと答えたところ「あなたの目は節穴か？ 母親として失格と思わないか？」との質問が行われたら、「裁判長！ 侮辱する質問なので制限していただきたい。」

例えば、わからないからわからないと答えているのに「わからないわけはないでしょう。答えてください。」としつこく質問が行われたら、「裁判長！ わからないからわからないと答えているのであり、困惑させる質問ですので制限していただきたい。」

相手方代理人が前記の質問を怒鳴るように行ったら、「裁判長！ 威迫するような質問は制限していただきたい。」

と、遠慮なく異議を述べ、尋問されている本人や証人を助けることが大切です。

(4) 答えにくい質問・わかりにくい質問

本当のことが言いにくいので答えにくいのではなく、質問が不適切なために答えにくい場合や何を答えたらよいかわかりにくい場合は、そのまま答えさせると事実と異なるように受け取られたり、事実をねじまげるように引用されたりする恐れがありますので、異議を述べて質問を答えやすく直してもらいましょう。

例えば、時期によって答えが異なるのに時期が特定されないまま「機械に不具合があることを知っていましたか？」との質問が行われた場合は、「いつのことを質問しているのか時期を特定して質問をお願いします。」

質問が長かったり、質問が複数だったりして、何をどう答えたらよいかわかりにくい場合は、「何を答えたらよいかわかりにくいので、わかりやすい質問をお願いします。」

と、異議と言わずに、相手方代理人に直接わかりやすい質問をお願いし、質問を直してもらうと角が立ちません。

なお、こちらから申請した本人や証人には、「相手方代理人の質問がわかりにくいときは、わからないまま答えて間違った答えになると困るので、遠慮せずに『質問がわかりません。』とか『質問がわかりにくいのでわかりやすく質問してください。』と言っていいですからね。」と助言しておく。ついでに、「具合が悪くなったり、トイレに行きたくなったら遠慮なく言ってくださいね。」と言っておくと、本人や証人は安心して尋問に臨めることになるのでおすすめです。

⑸ 重複する質問・意見を求める質問

無駄な質問ですが、相手方代理人の尋問の持ち時間を費消するだけと放置することもありです。

しかし、本人や証人が心にもないことを言ってしまいそうな場合は、「重複です！」とか「裁判長！ 意見を求める質問なので、制限していただきたい。」と異議を述べ、質問を止めさせる、答えさせないことが大切です。

なお、無駄な質問で相手方代理人が尋問の持ち時間を使い切った場合は、主尋問の場合も含め、遠慮せず裁判官に時間超過による尋問打切りを進言しましょう。あまり質問されたくないことがある際、無駄な質問で時間切れ終了となるとうれしくなってしまいます。十分な準備を行わずに尋問に臨んだ相手方代理人の責任なのですが、他山の石として注意しましょう。

ちょっと一言

効果的な反対尋問のために…相手の弁護士以上に相手を知る！

効果的な反対尋問のためには、依頼者との打合せ、書証などから相手の情報をなるべく多く入手し、それを整理しておくことが大切です。

年齢、家族構成、趣味、モットーなども知っておくと、親しげに反対尋問を始めて心を開かせるネタになります。最近は、ウェブサイトやブログなどが貴重な情報の入手源となります。立派なことを記載していると、それを聞かれたときに否定できない…。

相手の弁護士以上に相手を知ることができると、反対尋問の成功が近づきます。相手によっては、私のことをよく知ってくれていると喜んでくれる、信頼してくれる人さえいます。

このような準備は実は無駄になることの方が多いです。しかし、無駄や苦労を厭わずゴールに向かって何回も何回も駆け上がることが、ときとして決定的なパスやこぼれ球を得ての貴重なゴールに結びつくのです。

第7 反対尋問で勝訴～私の具体的実践例

以下に記載しているのは、いずれも私が代理人となった事件において、反対尋問が成功して勝訴となった具体的実践例です。

主尋問で以下のような供述が行われた場合、どのような反対尋問や対応を行うかなどについて、まずは数分でメモを作成してみてください。数分は短いと思うかもしれませんが、尋問の際に考える時間はその程度です。その後、実践例の解説を読んでいただければと思います。

例1 漢字が読めない保証人事件

保証人は、借用書への自署は認めているものの、漢字は自分の名前しか読み書きできず、内容がわからないまま言われたとおりに署名しただけ、と供述。裁判所には軽自動車で来ていた。

保証人にどんな反対尋問を行うか？

解説 例1 について

本当は漢字も読めるんでしょうと聞いても答えは「ノー」に決まっています。そこで、私は次のように「イエス」と答えざるを得ない質問を繋いでいきました。

「今日は裁判所には自動車を運転して来ましたね。

「運転免許は持っていますね。

「学科試験にも合格したのですね。

「試験の問題には漢字もたくさん出てきますね。

「それに合格したのですね。

その後、漢字は読めなかったが予想問題集を丸暗記して合格したと言い訳していましたが、もちろん裁判官に信用されるわけはなく勝訴できました。

例2　無断代筆無しの奥様事件

保証人の署名は保証人の妻の筆跡に酷似。妻は以前から夫名義の各種書類を代筆してきていたが、今回の保証人の署名は自分は夫から頼まれていないし、代筆もしていない。夫に頼まれないで代筆したことはないと供述。

保証人の妻にどんな反対尋問を行うか？

解説　例2　について

この事件では、保証人の妻が代筆したことは筆跡から認定されるだろうが、保証人が妻に代筆を頼んだことの立証をどうするか悩んでいました。ところが、主尋問で前記のような供述が出たので、次のような「イエス」と答えざるを得ない質問を繋いでいき、保証人が妻に代筆を頼んだとの勝訴判決を何とか得られました。

「保証人の署名はあなたの筆跡に似ていますね。

「以前あなたが代筆した署名と似ていますね。

「あなたが代筆した書類はすべて夫から頼まれて行ったとのことでしたね。

「夫から頼まれないで代筆したことはないとのことですね。

「もし保証人の署名があなたの代筆なら夫に頼まれて行ったものですね。

例3　親子の縁切り保証代弁事件

A銀行は、Bに100万円を貸し付けたが、その際にBの父Cを保証人とし、BがCから贈与された田に抵当権を設定していた。Bが同貸付金を延滞したため、Aは、保証人Cから全額返済してもらい、Bからの求めで田の抵当権を抹消したところ、Bは、田をDに売却した。半年後、Aは、Cから100万円の損害賠償請求訴訟を受けた。

Aに勝訴の見込みはあるか？

Cは、親子の縁を切るということで100万円を返済してやったと主尋問で供述した。

Ｃにどんな反対尋問を行うか？

解説 例３ について

この事件は、法定代位で抵当権は当然にＣに移転しているのに、Ａはそれに気づかず抹消して求償権行使不能による損害を与えており、負け筋と考えていました。ところが、主尋問で前記のような供述が出たので、次のように敵対心を解くような質問から入り「イエス」と答えざるを得ない質問を繋いでいきました。

「田を譲ったのに借金を作られて保証人として請求され苦労しましたね。

「それで親子の縁を切ることにしたのですね。

「親子の縁を切るにあたり最後に100万円を払ってやることにしたのですね。

「100万円はＢと親子の縁を切る手切れ金ですね。

「手切れ金だからＢからあとで返してもらうつもりはありませんでしたね。

そのうえで、最終準備書面で、Ｂから返してもらうつもりはなかった、すなわち求償権を放棄していたのだから損害はないと主張し、何とか敗訴しないで済みました。

ちょっと一言

金融機関用格言『保証人の、弁済受けたら、法定代位！』

金融機関が債権回収でミスしやすいのは、入金があった際にホッとして油断する充当と代位なんです。主債務者から全額入金なら問題はないのですが、一部の入金や保証人からの入金の場合は充当や代位に注意を要します。そこで、私の研修では『一部入金、損得あるよ、充当注意！』『保証人の、弁済受けたら、法定代位！』と格言化して注意しています。

例４　おまえが謝っておけ事件

Ａ社長は、売上不振のセールスレディＢを叱責後に慰めのため一緒に夕食をしていたところ、同棲相手Ｃとのトラブルの相談を受けて助言していたら性的関係まで進んでしまい、Ｂから、性行為を強要されたとして損害賠償請求訴訟を受けた。証人となったＣは、主尋問の際、「朝帰りしたＢに事情を聞いたところ、Ａに性行為を強要されたと打ち明けられたため、その場でＢからＡに電話させた。すると、Ａは性行為を認め、Ｂに対して『俺はすぐにはＣに謝りに行けないので代わりに謝っておいてくれ』と言った。」と供述。

どんな反対尋問を行うか？

解説　例４　について

この事件は、Ｃに嫌気が差したＢの浮気なのであり、ＢはＣが恐くて性行為を強要されたと嘘をついているだけだと思っていたのですが、ＢにＡは社長で抵抗できなかったなど言い張られるとそれを完全に崩すのはなかなか難しいなと思っていました。

ところが、Ｃの主尋問で「Ａは性行為を認めた。そして、Ｂに俺はすぐにはＣに謝りに行けないので代わりに謝っておいてくれと言った。」との供述が出てきたので、次のような反対尋問を行っていきました。

「Ａはあなたの同棲相手Ｂと関係を持った、ひどい奴なんですね。

「Ａは電話で関係を持ったことを認めていたのですね。

「すぐに謝りに来ればよいものをＢに代わりに謝っておいてくれと言ったのですね。

「ＢはＡの代わりにあなたに謝ったのですか。　→謝った。

「自分が強姦した相手なら謝らせるのではなく謝るべきですよね。

「強姦した相手に代わりに謝らせるなんてＡはひどい奴ですね。

「しかし、Ａに言われて代わりに謝るＢも変ですね。

「Ｂは強姦されたのではなく浮気だったからあなたに謝ったのではないですか？

この反対尋問では、Ａに代わりに謝れと言われたＢがＣに謝ったという言葉が獲得目標でした。強姦した相手に謝らせるなんて常識的に考えておかしいですからね。

Ａはひどい奴だと同情しているふりで油断させ、ＢがＣに謝ったとの言葉を獲得して目標は達成できたわけで、その後の質問は、言い直しや言い訳をさせないために普通は行わず、最終準備書面で主張する事項です。しかし、この事件においては、その後に和解が予定されていたため、裁判官に性行為の強要は言いがかりであるとその場で印象付ける必要があったため、たたみかけるように質問して尋問を終えました。

反対尋問は成功し、その後にゼロ和解で解決できました。

例５ 死人に口無し事件

Ａは、Ｂ所有の土地に抵当権を設定して500万円を貸したが、返済を受けられないまま死亡し、同貸金債権はＣが相続した。同土地はＢからＤに売却され、Ｃが同土地につき競売申立てを行ったところ、Ｃは、Ｄから、ＢはＡに貸金を返済済みであるとして抵当権抹消請求訴訟を提起された。相手方から、Ａは金貸しのようなことをやっていたが返済しても領収書を出さない人だった。Ｂが返済後にＡに早く抵当権を抹消してくれとお願いしたら抹消するとの返事だったが、Ａは抹消する前に死亡してしまった。と主張され、Ｂが証人として主尋問でＡに抵当権抹消をお願いした際の状況を次に記載のように供述した。

Ｃの代理人としてどんな対応を行うか？

解説　例５　について

Ｄ代理人の主尋問

「Ａに抵当権抹消をお願いに行ったのか。何とお願いしたのか。

―抵当権を外してくれとお願いしました。

「それに対してＡは何と答えたのか。

―払ったらすぐに外すと言ってくれました。

「あなたがＡに払ったから外してくれとお願いしたら、Ａはすぐに外すと言ってくれたのですね。

Ｃ代理人

「誤導！　払ったら、です！

「払ったから外してくれ」なら返済後ですが、「払ったら外す」は返済前ですね。Ｂがポロリと漏らした未返済という真実を、Ｄ代理人の誤導で消されるのを異議で防ぎ、Ｃ代理人の私は、勝訴判決を得て競売を続行できました。

なお、駄目元で反訴していた不当訴訟を理由とした損害賠償請求が認められるオマケまでつきました。

ちょっと一言

尋問の際の角を立てない「異議」の述べ方

主尋問の際の誘導尋問や誤導尋問に適切な異議を述べることは、例５　の事例のように大切で勝敗の分岐点になることさえあります。しかし、「異議！」との発声には、角が立たないか、相手方弁護士が気分を悪くしないかなど、躊躇するもの。そのようなときは、「異議！」ではなく「裁判長！」と発声して立ち上がり、「誤導です」などと述べると角が立ちませんので、試してみてください。

第8 刑事情状弁護の勘所

1　情状弁護の目的

刑事事件の弁護人は、冤罪の防止と適正手続の保障の職責を負っています。場合によっては周囲の人やマスコミなどに批判されることがあっても、耐えてその職責を果たさなければなりません。ただ、そのような事件に遭遇することは少なく、多くは起訴事実を認める事件での情状弁護が主たる役割となっています。

私は、その情状弁護の目的は、被告人の更生だと思うに至っています。

被告人が更生することは、被告人自身のためになるし、家族・社会のためにもなる。そのためには、刑は軽くできた方が被告人の社会復帰に有益であり、被告人の更生に繋がる。言い渡された刑に被告人が納得できた方が不満を引きずらず、被告人の更生に繋がる。

そこで、弁護人は、刑を軽くできるような情状弁護を行うことになりますが、軽くするには被告人を心から反省させることが大切です。反省すれば再犯の恐れも減りますし、被告人の更生に繋がるからです。

そして、刑を軽くできる見込みがない場合であっても、被告人の意を受けて被告人が納得できるような弁護活動を一生懸命行ってあげることが大切です（もちろん、弁護士倫理に反しない限度でですが）。法曹の常識からすると何をしても同じ刑と思われる場合であったとしても、一生懸命弁護してもらってこの刑だったということで、被告人の納得に繋がるからです。

また、被害者のいる事件の情状弁護は、被害の回復、被害者の宥恕が一番の情状となりますので、示談書、領収書、嘆願書の３点セットの獲得が目標となります。

さらに、被告人が働いて収入を得なければならない立場にある場合は、働く先が確保されていることが再犯防止に重要ですので、働く先の確保に努めることになります。

お金があるから幸福とは限らないが、お金がないことは不幸の原因となるのと同様に、働く先がないことは犯罪の原因となりますからね。働く先が無くて家族の生活のために犯罪に走った被告人の弁護をしていると、国は、刑罰を科す前に働く先を確保してあげられないのかと思うことがあります。

ちょっと一言

リスクありの裏技…執行猶予を確実に取りたいときに

執行猶予は大丈夫と思いつつ多少不安があり、控訴審まで考えて確実に執行猶予を取りたい事件の場合、リスクもあるのでおすすめはしませんが、私は、次のような弁護をすることがあります。

一審で実刑となった場合、控訴審では新たな良い情状となる事実がないと原判決破棄で執行猶予を付すのはハードルが高いもの。そこで、一審で執行猶予を取れるだろうと思えるほどの十分な情状弁護は行うものの、良い情状の一部をあえて残しておき、一審で実刑となった場合には控訴審用に残しておいた良い情状を追加し、執行猶予を求めるというもの。

これまで、数回行ってみて失敗はなかったのですが、やはりヒヤヒヤです…。

2　情状証人・被告人質問の目的

情状証人の目的は、その証言自体を有利な情状とすることとその言動を見聞させて被告人を反省させることにあると思っています。

被害弁償した、被害者が宥恕したなどの有利な情状の証言が期待できない場合でも、被告人に自らの犯罪で家族などが苦しんでいることを見聞させる。すると、人間は自分自身が苦しいのには耐性が強いものの、家族などの大切な人が自分のために苦しんでいることには耐性が弱いことが多いため、悪いことをしてしまったと被告人の心からの反省に繋がることが多いからです。

情状弁護での被告人質問の目的は、反省していることを裁判官に伝えることにあります。

そのため、「反省していますね。」「はい。」「二度としませんね。」「はい。」のような誘導尋問は全く効果がありませんので避けてください。心がこもらず反省が裁判官に伝わらないからです。

被告人質問の勘所は、被告人の心を動かし、心から反省させ、心からの言葉を出させることです。心からの言葉は、裁判官や裁判員の心に届き心を動かす。そして、被告人にとって良い刑を言い渡してもらえることになるからです。

そのためには、情状証人の苦しみの言動を法廷で見聞させること、事前に知らせないサプライズを残しておくことが効果を発すると思っています。

以下、原形を留めないほど脚色していますが具体例で説明します。

例1　老母の被害者への謝罪

同じ店で万引きを繰り返した被告人の老母が、被害金額の一部を持って店に謝罪に行ったとする。店主が弁償・謝罪を受け入れ宥恕してくれたのなら、その状況を証言してもらうこと自体が良い情状となるが、店主に怒鳴られお金も受け取ってもらえなかったら、老母からどんな目的でどんなことを聞くか。

私であれば、まずは、被害金額の一部について弁済の提供を行ったというのは多少良い情状となるので、それを証言させて裁判官に聞かせる。

あとは、老母に、店主からおまえの育て方が悪いなど罵られたこと、それに対して申し訳ありませんでしたと頭を下げ続けるしかなかったことなどを具体的に淡々と語らせる。裁判官や検察官に対しても詫びさせる。そして、今まで被告人のことで嬉しかったことなどを聞く。小学生の頃に母の日に感謝の作文をもらったことが嬉しかったなどの話が出る。今回苦労をかけられたが今後どんな親孝行をしてほしいと思うかと聞く。何もいらない。二度と悪いことをしないでほしい。それだけです。などと話をさせる。

あとの部分は、裁判官に聞かせるためではなく、被告人に聞かせるために話をさせる。普通の被告人なら老母に苦労をかけて本当に悪かったと思う。そこで、被告人質問で、老母の証言を聞いてどう思ったか聞く。すると、二度と心配をかけるようなことはしないと思いました。との心からの反省の言葉が出る。

そのような心からの言葉は、裁判官の心に届き、裁判官の心を動かし、刑は多少軽くなると思う。軽くならなかったとしても、心からの反省を行うことにより被告人の更生に繋がる。

例2　披露宴キャンセルの電話連絡

組織的詐欺事件の片棒を担いでしまった被告人。妊娠中の婚約者との披露宴の案内を出した後に逮捕されてしまった。新聞には名前が載らず周囲には知られていない。両親からの資金援助で私の方から現金書留で一部を被害弁償。披露宴前の保釈は申請するも却下。披露宴はキャンセル。初犯だが執行猶予は微妙。婚約者に情状証人として何を聞くか。

披露宴をキャンセルして辛い思いをした。二度とこんなことが起きないように監督していく。と話をさせるだけでは情状としての効果は薄い。そこで、

私「出席者への披露宴中止はどのように連絡したの？」

証人「日にちが迫っていたので電話で連絡しました。」

私「どのように連絡したのか、そのとおりに言ってみてください。」

証人「つわりで体調が悪いので延期することにしたの。ゴメンね。」

私「嘘をつくしかないからね…。それを出席予定者全員にしたの？」

証人「全員にしました。」

私「今、被告人にどんなことを望んでいますか？」

証人「（吐き捨てるように）こんなことは二度とさせないでほしい！」

被告人は、途中から涙を流し出し、被告人質問でどう思ったか聞いたところ、涙ながらに「二度と彼女に心配をかけるような悪いことはしないと誓います。」と言った。

実は、婚約者にこのような尋問を行うことは被告人には知らせていなかった。サプライズで被告人の心を動かし、心からの反省の言葉を出させようとした。その言葉は裁判官の心に届き、執行猶予がついて被告人は出産に立ち会うことができた。

ちょっと一言

執行猶予は海外旅行に影響あり

私は、弁護士になって十数年、被告人に、執行猶予中は犯罪を犯さないように気をつける以外は日常生活には影響はない。と説明してきていました。ところが、10年ほど前、海外旅行に多大な影響ありと知りショック。

現在のパスポートが無効になって限定パスポートの取得が必要になり、さらに相手国が入国を認めるかどうかの問題が生じ、アメリカは逮捕歴があればビザ免除の対象から外れるのです。

［例2］の彼も、新婚旅行にハワイに行くのは無理…。

被告人への説明には注意しましょう。

例３　黒マントのカップヌードル娘

ある職場の中間管理職の放火事件。両親は早くに死亡し、精神的障害を持つ妹を抱え、妹を養うために頑張ってきていたが、頑ななところがあって上司に理解してもらえず職場で発作的に放火。妹に情状証人を頼みに行ってもインターホン越しに刑務所に行かれては困るというのみで門前払い。仕方なく被告人質問のみ。何回か接見しても心に殻を被って私にも心を開いてくれない。被告人質問でも反省していると口では言うものの、形式的で反省が伝わらないまま結審。

ところが判決の数日前、妹が黒マントを着て左手にカップヌードルを持って来所。カップヌードルを手に持ったまま兄を何とかしてほしいと言う。日常生活はできるのだろうが明らかにおかしい。私は、弁論の再開・妹の証人尋問を申請し、判決予定だった午前10時から尋問を行った。有利な情状の証言は期待せず、被告人の心の殻を破る道具を狙う。妹は、法廷に入っても法廷が回っているなどおかしなことを言いながら、兄が刑務所に入ると困りますと供述。

その後、数分の被告人質問をお願い。

私「彼女があなたの妹か。」

被告人「はい。」

私「彼女を養うため頑張ってきていたのか。」

被告人「はい。」

私「大変だったな…。」

すると、被告人の頑なだった顔がゆがみ、目から涙が流れ落ち「は…い。」

私「早く出て来ないとな。」とだけで終える。

突然、被告人は、「二度と今回のようなことを行わないので、なるべく刑を軽くしてください！」と裁判官に頭を下げた。

すぐ判決予定だったのが午後３時に判決言い渡しとなった。被告人の心の殻が破れて心からの反省の言葉を出せた結果、刑は多分軽くなったのだと思う。

例4 娘の手紙の内容は？ でのサプライズ

法曹の常識からすれば執行猶予確実と思われる贈賄事件。しかし、執行猶予確実などというと楽観・油断・不遜な態度で万が一ということもないわけではないので、勾留中の被告人には多少厳しめの話をしていた。接見禁止で家族は面会や手紙授受もできないので、娘からの手紙を預かり、アクリル板越しに見せる。内容は、お父さんを信じているので、頑張ってとの励まし。それを読んだ被告人は涙ポロポロ。

公判では起訴事実をすべて認め、情状証人として奥さんの尋問、反省を述べる被告人質問と続くが、今ひとつインパクトがない。ま、執行猶予とは思うが…。

そこで、事前打合せにはなかった質問。

私「接見の際、私がアクリル板越しに娘さんの手紙を見せたことがありますね。」

被告人「はい。」

私「何と書いてありました？」

被告人「お父さん、体調はどうですか？ いろいろ大変だと思うけど、お父さんを信じているので、頑張ってね…。」と涙ポロポロとなる。

私「それを読んでどう思いました？」

被告人「二度と娘にこんな思いをさせたくないと思いました…。」と号泣。

娘の手紙を再現させれば泣くと思ったが、それを事前に打合せ・練習すると感動が薄れると思い、被告人には意図的に告げていなかった。

尋問の際は入念な打合せが必要だが、被告人の心を動かすため、サプライズを演出するためにあえて打合せをしない方が効果的な場合もある。

例５　裁判官は犯行に加わらない自信がありますか？

親父狩りの強盗致死事件。被告人も親父狩りの被害者だったのだが、連れ回され暴行されたのち親父狩りに加わってしまい、強盗致死の共犯とされて懲役８年。

控訴審の弁護を受任したが、原判決認定の事実でも肋骨骨折等、被告人の受けた暴行は酷い！　よく死ななかった！　逮捕直後の顔写真も腫れ上がっていて全くの別人。

被告人質問では、その写真を示しながら、被告人の受けた暴行の酷さ、首にロープを巻かれるなどして数回死にかけたことを淡々と供述させ、死んだ方が楽だった、死ねばよかった、殺す側にならないで済んだ、との供述の後、振り向かせて傍聴席にいた遺族に深々と謝らせる。

法的にはなかなか困難かと思いつつ、期待可能性無し、緊急避難などを微かな期待をもって主張し、最後に、書面には記載せず、口頭で、弁護人が被告人の立場になったら、自分の死を覚悟して犯行を止める、加わらないという態度がとれる自信がない…と裁判官３人の顔を見ながら口頭で訴えて終える。暗に、裁判官は自分が被告人の立場になったら犯行に加わらない自信がありますか？　と問いかけたのである。

判決は、問いかけが裁判官の心に届いたのか、原判決破棄、懲役７年に減刑。原審の未決300日通算で、被告人は、４年半後には刑務所から出られることになった。

ちょっと一言

控訴審での１ヶ月減刑判決は、半年以上の減刑の効果あり

控訴審判決が１ヶ月減刑程度に止まった場合、上告を考える被告人もいます。

しかし、刑事訴訟法第495条２項で原判決破棄なら控訴申立て後の未決勾留日数は全部法定通算されるので、減刑は１ヶ月程度でも実際には半年以上の減刑の効果があります。早く社会復帰したいのであれば、無駄な上告を行って勾留期間を長くするより素直に服役した方がよいのです。

ある窃盗事件についての控訴審での原判決破棄・数ヶ月の減刑判決の際、最後に裁判長は、弁護人も気づいていないかもしれないと思ったのか（私は勉強はしたが忘れていた…）、法定通算により実際に刑務所に入る期間は相当短くなることを説明したうえ、上告するかどうかは弁護人と相談して決めなさいと述べて閉廷。暗に上告しない方が得だよと言っているのであり、私もそう思ったのですが、被告人は無駄な上告を行ってしまいました。

3　情状弁護と検察官

弁護人の情状弁護に漏れがあると、検察官が被告人質問の際に良い情状を引き出すような尋問を行うことがあります。さすが公益の代表者と思いますが、弁護人の恥となるので弁護人はそのようなことがないように情状弁護を尽くしましょう。

私は、被告人の悪かった点は弁護人から厳しく叱り、そのうえで良い情状を漏れなく引き出し、検察官に「何もありません。」と言わせるのがベストの被告人質問だと思っています。気の利いた検察官は、被告人に励ましの言葉だけを贈り、被告人の更生を祈ってくれます。

逆に、検察官に止めてほしいと思っているのは、被害者との示談書などを提出した際の被害者への本心確認と二度と罪を犯しませんという被告人の発言への理詰め追及。

示談や和解は、不満を残しつつも将来のため心を整理・納得させて行っていることが多いもの。それを、本心から納得できたのかなどと確認するのは、せっかく癒えかけた被害者の心の傷のかさぶたを剥がすようなものと思うからです。

なぜ罪を犯さないと言えるのかと理詰めで追及されたら、誰でも答えに窮するもの。しつこく追及されると「また罪を犯すこともあるかもしれません。」と答えかねません。量刑に影響を与えることに嘘があるならともかく、二度と罪を犯しませんとの発言だけでは量刑に影響はなく、仮に嘘だとしても法廷で誓ったことは多少でも再犯への歯止めになるもの。それを「また罪を犯すこともあるかもしれません。」と言わせるのは、公益に反する！　更生の気持ちをくじくな！　と思うからです。

ちょっと一言

検察官は安心して夜道を歩ける社会を守る！＝

検察官になった教え子が、講演会で「私が検察官を目指したのは、女性が安心して夜道を歩ける社会を守りたいと思ったから」と素敵な説明。

法曹は法的紛争の解決・予防を行う仕事でやりがいがあるといろいろな所で話し続けているのですが、検察官について説得力ある話ができずにいた私にとっては目から鱗が落ちる話。

おかげで最近は、法曹は、高度な法的知識・技能を習得し、社会構成員間の紛争の解決・予防を行う、具体的には、弁護士は、交渉や裁判などにより紛争の解決、相談などにより紛争の予防を行い、裁判官は、裁判などにより紛争の解決を行い、検察官は、重大な法律違反である犯罪に適切な刑を科すことを求め紛争（犯罪）の予防を行う、いずれもやりがいのある仕事。と自信を持って教えられるようになりました。

第9 これで安心「刑事公判手続メモ」

刑事の公判は、民事に比べて手続が厳格で、法律や規則の根拠はどうなっていたか、裁判官の発言にどう対応してよいか、不安を感じることが多いもの。

そこで、私は、司法修習生の頃に、公判の手続の流れ、裁判官の発言、証拠調べへの対応などについて、根拠条文も付してサンプル6のようなメモにまとめました。このメモは、若手の頃はもちろん、中堅になってからも熾烈な事件の場合は弁護人席の机上に広げておくと安心でした。

このメモが我ながらよくできており、現在も類似のものは見当たらないと思いますので添付します。必要に応じてご活用ください。

■サンプル6　刑事公判手続メモ

刑事公判手続メモ

第1回　公判期日

冒頭手続

(礼)

「被告人　前に出てください。

人定質問　規§196

「名前は何と言いますか？

　生年月日は？　　本籍は？　　住居は？　　職業は？

「これから被告人に対する～被告事件について審理します。

起訴状朗読　§291①

「まず起訴状を読んでもらいますから、被告人はそこで聞いていてください。

「では、検察官どうぞ。　→朗読　起訴状についての釈明

弁護人何かありますか？

権利告知　§291④前段・規§197

「今、読まれた事実についてこれから審議するわけですが、被告人はこれから終始沈黙することも、また個々の質問に対し、陳述を拒むこともできます。もちろん、陳述をすることもできます。

陳述すれば被告人に有利な証拠となることもありますし、不利な証拠となることもあります。わかりますね。

＃質問に対し、答えてもよいし、答えなくてもよいことになっています。

答えた場合には、被告人に有利にも不利にも証拠となることがあります。

罪状認否　§291④後段

「そこで、さっそく被告人に聞きますが、今、検察官が読んでくれた公訴事実について、どこか違うところがありますか？

「弁護人のご意見は？

証拠調べ.１

「では、証拠調べに入ります。

冒頭陳述　§296

「検察官、冒頭陳述をどうぞ。

※弁護人の冒頭陳述　規§198裁判所の許可が必要

但し、公判前整理手続を経たものは必要的　§316-30

検察官の証拠調請求　§298①・規§193①検察官がすべて請求し、②弁護人がその後請求

請求は書面で（規§188-2）、立証趣旨を明示して(規§189①)

自白調書は後で（§301）

書証の取調請求について

「検察官請求証拠に対する弁護人のご意見は？　規§190②③

証拠書類についての同意・不同意

その他の意見…証拠能力・証明力・必要性・相当性

同意→§326同意書面　(但し、相当性は必要)

任意性の調査(§325)不要。但し、§319①で被告人の供述について任意性が疑わしければ不可。

⇳

不同意

「不同意の証書については、検察官どうなさいますか？

・撤回

・請求維持→伝聞法則の例外の検討

証人尋問等の請求について　←　撤回部分について＆伝聞法則の例外の要件充足のため

住所氏名　規§188-2①

尋問時間　規§188-3

立証趣旨　規§189①

「証人申請についての弁護人のご意見は？

<u>証拠決定</u>　規§190①　決定であり、右・左の裁判官の意見も聞かなければならない。

・採用

・却下

・採否を留保　　←伝聞法則の例外の要件不明

※証拠決定については、不相当を理由とした異議はできない（規§205①但書）。

不相当を理由とした異議が出れば却下決定。

「検察官、証人の質問の順序はどうなさいますか？

「弁護人、反対尋問に必要な時間は？

「Ａ・Ｂ・Ｃの順の尋問することにします。

証人については、検察官の方で同行していただけますか?

(NO→裁判所で召喚します。住所は……)

<u>証拠書類（甲号証）の取調べ</u>

「では、今日は採用した甲号証の取調べを行います。

時間の関係で、取調べは朗読に代えて要旨の告知で行いたいのですが、検察官、弁護人いかがでしょうか？

※本来は朗読だが(§305①)、訴訟関係人の意見を聴き要旨告知でも可(規§203-2)。

「では、検察官お願いします。

※写真・図面は展示が必要（§306）。

「被告人、弁護人、この程度でよろしいですか？

被告人、どこか読んで欲しいところはありますか？

証拠調べ済み証拠の提出

§310　原則は原本提出、裁判所の許可を得て謄本提出可。

なお、不同意部分あるときは抄本提出も可。

次回公判期日の指定　§273・§274 被告人に対する召喚状送達の擬制

「次回期日ですが、○月△日□時でいかがですか？

では次回は○月△日□時　…　を行います。

被告人は必ず出頭するように。

では、今日の審理はこれで終わります。

証拠調べ２（証人尋問）

（礼）

「被告人　　　～だね。　審理を続けます。

今日は、　　さんについての証人尋問を行う予定でしたが、　　さんいらしてますか？

さん、前に出てきてください。

人定尋問　規§115

「名前は？　生年月日は？　本籍、住所、職業は？

＃この紙に書いたとおりですね？

宣誓　§154　　規§117 尋問前に行う。

「これから～に対する～被告事件について、あなたを証人として尋問しますが、その前に宣誓をしてもらいます。

（起立）←規§118④

※規§116 宣誓の趣旨の理解に疑問があるときは趣旨を説明。老人子供等に注意！

「嘘を言わないという誓い」

規§118③宣誓書を朗読させ署名押印させる。

証人が朗読できないときは、書記官に朗読させる。

偽証の警告　規§120

「宣誓のうえ、嘘をつくと、刑法で罰せられることになりますので、注意して本当のことを話すようにしてください。

証言拒絶権の告知　§146　規§121

「ただ、証言することにより証人自身や証人の近親者の犯罪が明るみに出て、起訴されたり、処罰されたりするおそれがあるときは、その理由を告げて証言を拒むことはできます。わかりましたね。

尋問の施行　※被告人にも証人尋問の機会を与えること。

「では、検察官どうぞ。　規§199の2　交互尋問

・主尋問……立証事項（関連事項）・証明力	規§199の3
・反対尋問…主尋問に現れた事項（関連事項）・証明力	規§199の4
※新たな事項の尋問←裁判長の許可が必要	規§199の5
・再主尋問…反対尋問に現れた事項（関連事項）	規§199の7
※新たな事項の尋問←裁判長の許可が必要	規§199の7③
・再々主尋問←裁判長の許可が必要	規§199の2②

(注 1)　証人が傍聴人、被告人から圧迫を受け供述出来ない場合

規§202　傍聴人への退廷命令

§304の2　被告人への退廷命令

(注 2)　宣誓・証言の拒絶

① 理由を聞く　規§122　拒否事由を示すこと

証明は不要だが、拒絶権の在否が合理的に判断できるような内容を示さなければならない。

正当な理由→有→可

↓

無

② 罰の告知　§160・161

③ 書証の利用　§321

(注 3)　証人への書面等の提示（規§199の10～12）

① 書面又は物の成立や同一性、その他これに準ずる事項についてのため

② 記憶喚起のため（裁判長の許可が必要）　　供述調書は不可

③ 供述を明確にするため（裁判長の許可が必要）

証拠調べ済みであること

⇳

証拠調べ未済…事前に相手方に閲覧の機会を与えること

⇔相手方に異議がなければ可

(注４)　法廷の秩序維持

裁§71・刑訴§288　裁判長が行う

退廷命令

必要な事項の命令・処置

↓

裁§63　廷吏は法廷において裁判官の命ずる事務を取り扱う。

※制裁…法廷秩序維持法§２により20日以下の監置・３万円以下の過料

規§215　写真→裁判所の許可

証拠調べ３（乙号証、被告人質問）

検察官による乙号証の証拠調べ請求　§301　　※取調べは甲号証に同じ

「検察官請求証拠に対する弁護人のご意見は？

・同意　→§326　同意書面

・不同意

「不同意部分については検察官どうなさいますか？

・撤回

・維持　　§322の検討

☆任意性　　署名押印により一応の推定

被告人側からの具体的主張立証の必要　→被告人質問等による

揺らげば検察側から立証

「弁護人、任意性なしとする理由を具体的に。

「検察官、任意性の立証はどうしますか？

被告人質問　§311　※証拠調べではないので証拠申請は不要。

但し、証拠となることはあるので、証人尋問の規定を類推すべき。

「被告人、前へ。

黙秘権があり、答えたくなければ答えなくともよいことは、前にも述べたとおりです。

では、弁護人どうぞ。

証人尋問の方法についての異議事由（-数字は規§199の枝番号）

・関連性なし　-3①

・　主尋問の範囲外（反対尋問時）　-4　⇔　裁判長の許可　-5

・抽象的、包括的　-13①

・威嚇的、侮辱的　-13②一

・誤導、前提誤認、要約不相当　-3④

・誘導　-3⑤　⇔　反対尋問…必要があれば可　-4③
　　主尋問　…準備、争いなし、記憶喚起
　　　　　　　敵意、反感、証言回避
　　　　　　　前の供述と異なる
　　　　　　　特別事情
　　⇔相当でなければ制限可

・伝聞、推測、仮定　-13②四
・重複　-13②二
・意見、議論　-13②三
　　⇔正当理由あれば可

（注意事項）

①　伝聞証言…本来尋問方法としては不可。

[最判 S59.2.29]伝聞証言であっても、異議の申立てがないまま尋問が終了すれば、黙示の同意があったものとして証拠能力を有する。

② 弾劾証拠としての、弁護人からの員面調書、検面調書の提出。

検察官の意見を聞く。

・提出を指揮（§294）　※差押、提出命令は証拠物、没収物について

・写しにより証拠調べ　←写しが原本と同一内容であることを検察官に確認の上

なお、検察官に異議がなければそのまま可

※自己矛盾供述であれば、検察官は§300で取調請求義務あり

③自己矛盾供述

ア．前の供述内容について（調書）、反対尋問の機会を保証すること。

イ．矛盾部分のみが、証拠能力をもつ。

異議

1. 異議事由

ア　証拠調べ

・法令違反

・不相当　　但し、証拠決定については不可。∵すでに意見を聞いている。

イ　その他の裁判所の処分（訴訟指揮権、法廷警察権による処分）

・法令違反

2. 申立方式　…直ちに、簡潔に理由を示して

3. 決定　規§33①　相手方の意見聞く必要あり！

・不適法→却下決定

・理由無→棄却決定

・理由有→申立に対応する決定（行為の中止、撤回、取消、変更）

(注)　判断事項に重ねて異議を申立てることはできない。

ちょっと一言

刑事弁護人が有罪と思っても無罪主張が許されるのはなぜか？

弁護士は、弁護士職務基本規程第５条で真実尊重義務を負っています。しかし、刑事事件の弁護人の場合は、同第82条１項前段により積極的真実義務を負わず、弁護人は証拠等からして有罪と思っても、被告人が無罪主張を希望するのであれば（仮に被告人自身が内々に罪を認めている場合であっても）、無罪主張を行うことが許されています。むしろ、そのような場合に有罪の主張・立証を行うことは、同第46条の最善の弁護活動に反することになってしまいます。

私は、弁護士倫理の講義を行いはじめた頃、弁護人の有罪との考えが間違っていることもある、弁護人にやれるだけのことをやってもらったとの被告人の判決への納得感等を弁護人が積極的真実義務を負わない理由として話していたこともありましたが、自分自身がしっかりと納得できないでいました。

その後、裁判官や検察官とコラボで講義を行い議論していくうちに、弁護人は、罪を犯していない被告人を有罪として刑を科してしまう欠陥製品のような判決を防ぐための厳しい検査係なので、積極的真実義務を負わないのだとの考えに至りました。

すなわち、検察官は、罪を犯した人に刑罰を科して社会秩序を守るため、捜査して起訴してくる。もちろん、罪を犯していないと思われる人を起訴しないようにしているものの、その役割からして起訴した以上は有罪の判決を獲得する方向に行きがちになる。

そこで、有罪とするのに欠陥がないかを厳しく検査する係が弁護人なのであり、欠陥があるのではないか、有罪ではないのではないかと厳しく指摘するのが役割なのであり、欠陥はないとの方向で検査したのでは役割を果たせない。だから、積極的真実義務を負わないのだと納得して講義できるようになりました。

欠陥製品を世に出さないために欠陥がないか厳しく検査することが期待されているわけですが、自らが製品に傷をつけたり検査データを捏造する等して欠陥がある、無罪だと主張することは許されません。

だから、同規程第75条の偽証そそのかしや虚偽の証拠提出の禁止は刑事弁護人にも適用されますので、被告人に頼まれたとしても、偽証や証拠偽造に関わることがないように注意しましょう。

Column 2

弁護士は楽しいぞ！　～講義再現「弁護士倫理」～

私は、平成14年の法科大学院制度のスタート以来、令和５年３月まで、東北大学の法科大学院で弁護士倫理の講義を続けてきていました。その中では、弁護士倫理だけではなく、法曹とは何かということや弁護士のやりがいなども語ってきていました（中学校などでの講演でも同じようなことを語っているのですが）。

平成23年４月、東日本大震災の翌月、弁護士のやりがいなどを書き残しておきたいとの気持ちから、仙台弁護士会の会報に以下のような講義の再現記事を掲載しました。弁護士の楽しさを忘れかけたようなときに読んでみてください。

第１　法曹とは

１）プロフェッション

―　では、講義を始めます。

皆さんが目指している法曹は、プロフェッションと言われていますよね。プロフェッションというと何を思いつきますか？

学生Ａ「楽天の田中！」

学生Ｂ「ベガルタの梁！」

―　おっ、仙台のプロスポーツ選手ですね。二人には大震災の被災者を励ますためにも頑張ってほしいですね。

でも本来、プロフェッションとは、高度の学識・技能で人々の悩みを解決して公益に奉仕する職業、具体的に言えば、医師と聖職者と法曹のことなんです。医師は肉体的な悩みを解決する、聖職者は精神的な悩みを解決する、法曹は社会構成員間の紛争を解決する、というように何らかの形で「人間の持つ悩みの解決に奉仕」する職業なんですね。

2）働く意味・仕事のやりがい

— ところで、人間が働くのは何のためでしょうね？

学生A「やはり、働いて収入を得ないと食べていけないからではないでしょうか。」

— うん、そういう面もあると思いますね。でも、一生食うに困らないだけの財産を築いた人でも働き続けていますよね。

働くとは、人のために体や心を動かして喜んでもらうこと、それが自分にとっても喜びだから財産を築いても働き続けるのではないでしょうか。どうやったら人に喜んでもらえるかを考えながら働いている人は、働くこと自体が楽しくなり、良い仕事をしていますね。

どんな仕事もそれが働く意味だしやりがいだと思いますが、法曹は、依頼者の悩みを解決してあげると目の前で喜んでもらえる、とてもやりがいのある仕事なんですよ。

第2　幅広い分野の勉強の必要性

1）幅広い知識や技能の必要性

学生B「先生、法科大学院ではなぜ法曹倫理や司法試験の科目以外の科目も勉強しなければならないんですか？」

— 皆さんが法科大学院に入学したのは司法試験に合格するためだけなんですか？

学生A「私は国際取引に関係してバリバリ活躍する弁護士になりたいからです。」

学生B「私は弁護士がいない故郷で弁護士になって困っている人たちを助けたいからです。」

— 二人とも良い弁護士になって良い仕事ができるようになるのが

目的ですよね。

すると、相談に来た人に的確なアドバイスができないといけませんよね。

例えば、皆さんが弁護士になって早々、以前から親しくしていて近日中に顧問契約を結んでくれるガソリンスタンド経営の社長から「取引先のタクシー会社の運転手から給料が３ヶ月未払いとなって困っているとの相談を受けたんです。かわいそうなのでアドバイスお願いします。」という簡単な相談がきたらどうアドバイスします？

学生Ａ「私は早めに裁判を起こすようにアドバイスします。」

学生Ｂ「私はまず請求書を送って交渉するようにアドバイスするかな。」

― 請求書を送って交渉や裁判を行っている間にタクシー会社の財産が無くなってしまったら裁判で勝ってもタクシー会社からお金の取りようがなくなってしまいますよ。そんなことになったら、運転手さんは費用のかけ損になってしまいますね。

学生Ａ「ではどうすればいいんですか？」

― 実務では仮差押えを行って財産を保全するのが必須なんです。そのためには、司法試験科目ではないけれど民事保全の勉強が欠かせないんですね。それから、どんな請求書を送ってどんな交渉をしたらよいか、これはローヤリングで勉強するんですよ。

学生Ｂ「先生、よく考えたら運転手さんには給料債権の先取特権がありますね。」

― うん、だから裁判は不要ですぐにタクシー会社の財産の差押えを行えばいいんですね。的確なアドバイスができるようになるためには、民法などの基本法のしっかりした理解と、差押えを行うには民事執行の勉強も必要なんですよ。タクシー会社が倒産しそうであれば、倒産法についての知識も必要となるしね。

学生Ａ「いろいろな勉強が必要なんですね。」

— 弁護士になるといろいろな相談が突然来ることになるから、いろいろな分野について幅広い知識が必要なんですよ。だから、法科大学院の授業で無駄になるようなものは何もないんです。

2）倫理や経営の勉強も必要

— ところで、運転手さんが給料をなるべくたくさんタクシー会社から取れるように熱心にアドバイスして問題はありませんか？

学生Ｂ「えっ、何か問題がありますか？」

— 給料が未払になっているようだと、タクシー会社はガソリンスタンドへのガソリン代金も滞納している可能性が高いですよね。すると、運転手さんとガソリンスタンドでタクシー会社の財産の取り合いになる恐れがありますよね。

運転手さんの相談を受けてアドバイスしたり差押えを行うことを引き受けてしまうと、利益相反する関係となるのでガソリンスタンドの相談を受けたり顧問弁護士になったりすることができなくなる恐れがあるんですよ。また、すでにガソリンスタンドからガソリン代金回収の相談を受けていたら、運転手さんから相談を受けるのはまずいことになってしまうんです。

学生Ａ「あっ、そうですね。」

— このような弁護士として引き受けてはいけない事件のことや、どんな心構えで仕事を行っていく必要があるかなどを法曹倫理で勉強してもらうんです。

それから、これは弁護士になってからでいいんですが、経営の勉強も必要です。

学生Ａ「えっ、金儲けを考えるんですか？」

— いや、金儲け・利益を目的とするとどんな仕事も失敗します。でも、利益は良い仕事を続けるための条件なんです。

経営は金儲けではなく、仕事を通して依頼者や職員を幸せにすることであり、それを考え続けることは、とても大切なことなんです。ま、これは弁護士になってからでいいですが。

第３　格言・弁護士倫理

１）『将来の利益相反、要注意！』

— さて、ガソリン代金の滞納がなかったので運転手さんの給料を会社から強制的に取るために手続の準備を始めたところ、運転手さんが同じように給料未払となっている同僚を連れてきたらどうしましょうね？

学生Ｂ「かわいそうだから引き受けてあげます！」

学生Ａ「でも、やはり財産の取り合いの心配があるのでは…。」

— そう、かわいそうで引き受けたくなるのですが、会社の財産が少ないと先に引き受けた運転手さんの取り分が減る恐れがあるんですね。それを納得のうえで同僚を連れてきているんであればいいんですがね。

依頼者は、そのような将来の利益相反に気づかないことが多いので、弁護士職務基本規程第32条は、弁護士の方できちんと説明しないといけないと定めているんですね。

依頼者が気づかないだけでなく、弁護士も気づかないで受任してしまって後悔することもあるんです。例えば、長男が作成した遺産分割協議書案に不満の次男三男が相談に来たときにその二人からまとめて受任すると、初めは対長男で一致していた二人が話が進むにつれて何を相続するかについて揉めだし、胃が痛くなることがあるんですよ。だから、格言『将来の利益相反、要注意！』なんです。

２）『まめな連絡、トラブル防止！』

— 給料の先取特権で銀行預金を差し押さえたけど、銀行が貸金と相殺して全く取れないで終わったらどうしましょうか？

学生Ａ「先輩弁護士に何を差し押さえたらよいか相談してみるしかないでしょうか…。」

― その前に依頼者である運転手さんへの報告はどうするんですか？

学生Ａ「成果が出ないと報告しにくいですね…。」

― 依頼者は、自分の事件がどうなっているか気を揉んでいるんです。もしかしたら、依頼者が差押えできる財産を知っている可能性もありますよね。だから、弁護士職務基本規程第36条は、事件の経過を依頼者に報告して協議しながら事件処理を進めなさいと定めているんです。

弁護士会には弁護士に対する苦情を受け付ける市民窓口があるんですが、弁護士に対する苦情で多いのは、『態度が横柄、仕事が遅い、連絡がない』なんです。

態度が横柄、仕事が遅いなんていうのはもってのほかですが、仕事をきちんと行っていても、きちんと連絡しないと依頼者はわからないから気を揉むんですね。連絡しないで外食すると妻にも怒られますからね。そこで、格言『まめな連絡、トラブル防止！』。

3）『何事も、大切なのは別れ方！』

学生Ｂ「弁護士になると恐そうな相手とも交渉しなければならず大変そうですね。」

― 大変なこともありますが、むしろ弁護士が神経を使うのは、相手方との関係より依頼者との関係なんですよ。

受任するときに見通しの説明が甘かったり、報酬の説明をきちんとしていなかったりすると、依頼者から「初めの話と違うじゃないか！」と責められたり、「そんな話は聞いてない！」と報酬をもらえなかったりして辛い思いをすることになるんです。それで、弁護士職務基本規程の中には依頼者との関係についての規程が多いんです。よく読んで注意してくださいね。

それでも依頼者との信頼関係が失われてしまったときは、弁護士職務基本規程第44条・第45条をきちんと行ってきれいに別れるのが大切なんです。別れ方をしくじると苦労するのは男女関係と一緒です。実は契約書のチェックポイントも、トラブルが生じたときにきれいに別れられるような条項になっているかなんです。いいですか、『何事も、大切なのは別れ方！』ですからね。

第4　最後に

1）コミュニケーション能力

学生A「ある弁護士が法曹はコミュニケーション能力が大切だと言っていたのですが、どんな点に注意したらよいのでしょうか？」

―　どんな仕事でも人と関わりながら仕事をするわけですから、良い仕事をするためにはコミュニケーション能力が欠かせません。

弁護士なら、依頼者との関係、相手方との関係、そして事務所の人達との関係でコミュニケーションをよくすることが大切になりますね。

学生A「どうすればよくなるんですか？」

―　君は野球はするかい？

学生A「甲子園には行けませんでしたけど、高校では硬式野球部でした。」

―　おっ、それは仙台弁護士会で就職するにはセールスポイントになるよ。

コミュニケーションは、キャッチボールと同じだと思いますね。まず、相手のボール・言葉を受け止めないと始まらない。次に、相手が受け止められるボール・言葉を投げ返さないと続かない。それを繰り返すことができれば双方楽しくなってくる、良い結果を得ることができると思うんです。

もっと端的に言えば、気配りかな。相手を理解する、相手に理解してもらう、相手に喜んでもらう、そのための気配りをすることが大切なんです。

学生Ｂ「私が事務所訪問した弁護士は、自由業で言いたいことが言えるのが弁護士の魅力だと言っていましたが。」

— たしかに自由業ではありますね。弁護士職務基本規程第２条は、自由と独立を重んじると定めており、依頼者のため、公益のため、言わなければいけないことは誰に何と言われようと言わなければならない。

でも、良い仕事をするには気配りは欠かせない、倫理上引き受けてはいけない事件や言ってはいけないこともある。自由独立と勝手気ままを履き違えないように注意してくださいね。

良い仕事をしようと思ったら、相手を打ちのめせばよいドッジボールではなく、キャッチボールを心がけることが大切なんです。

２）また弁護士に

学生Ｂ「弁護士っていろいろ大変なんですね。」

— うん、一生いろいろな勉強を続けなければならないし、いろいろと気配りしながら辛抱強く良い解決を目指さなければいけないことも多く、楽な仕事ではないんです。

でも、勉強や準備をしっかり行っていれば、トラブルに巻き込まれどうしたらよいかわからず闇夜に立ちすくんだような状態の依頼者に、蝋燭の火を灯すように解決の方向性を示してあげることができる。そのときの依頼者のほっとした顔、事務所に来るときは暗かった依頼者の顔を、帰るときには明るい顔にすることができたときの喜びは、何ものにも代えがたいものです。

私は、人生は舞台だと思っています。良い舞台にしようと思えば苦しい勉強や準備・練習をしなければならない。でも、それを怠らなければ良い舞台だったと喜んでもらえて悔いなく舞台を降りられる。

私は、生まれ変わってまた人生の舞台に立てても弁護士を目指しますね。

第2部

経営関連の勘所

第10 事務所の経営とファンの増やし方

1　経営と利益の基本…利益は良い仕事を継続する条件

以前は、弁護士の中には、経営を考えるなどと発言すると、金儲けを考えていると誤解・批判する人がいました（結構多かった）。

しかし、人を使って仕事をしている以上、経営を考えることは不可欠なのであり、経営を考えないのは道楽をしているようなものです。

仕事とは、働くとは、人のために体と心を動かして、人に喜んでもらうことであり、人に喜んでもらうことが働く喜びだと思っています。人の喜び・幸せを自分の喜び・幸せと感じられれば、幸せは無限大に広がります（人生は、仕事が楽しみなら極楽、仕事が義務なら地獄とも言われています）。

経営は、仕事を通してお客様や職員を幸せにすることであり、そのためには、適正な利益が必要になります。利益を目的とすると失敗することは企業不祥事による倒産の例から明らかですが、逆に利益が残らなければ支払不能による倒産となって関係者に迷惑をかけてしまいます。利益は、目的ではなく条件なのです。利益を仕事の目的とすると失敗するが、利益は良い仕事を継続するための条件なのであり、適正な利益が残るように考えること、経営を考えることはとても大切なことなのです（プロフェッションとして困っている人を助けたり公益活動を行ったりするにも大切なことであり、プロフェッション性と矛盾するものではありません）。

2　CS と ES の大切さ

適正な利益が残るようにするためには、お客様を増やすことが必要であり、そのためには、お客様に喜んでもらえるような仕事を行うことが一番大切ですが、そのような仕事が行えるようにするためには、職員が喜んで働いていることが大切になります。職員が嫌々働いているようでは、お客様に喜んでもらえるような仕事を期待することは困難だからです。

すなわち、CS（Customer Satisfaction 顧客満足度）の向上、そのためにもES（Employee Satisfaction 従業員満足度）の向上が大切なのです。当事務所では、平成4年1月の開設以来「ここに相談に来て良かったと思っていただける事務所」「ここで働いて良かったと思える事務所」を目標としてきており、前者はCSを、後者はESを標語にしたものなのです。実現は容易ではないのですが…。

3　現状での業績向上策

昨今は法律事務所の経営も以前に比べれば楽ではなくなってきています。そのような現状での法律事務所の業績向上策としては、次の3つが考えられます。

(1)　空白分野に手を差し伸べる

今まで弁護士数が少なかったことにより手が回らなかった分野や人たちが存在していますので、そこを調査して手を差し伸べると喜んでもらえて依頼者も増えることになります。

現在は、ウェブサイトでも集客ができ、ニッチな分野でも採算がとれるので、そのような分野の調査・開拓も有益です。

(2)　生産性を上げる

あとで述べる業務の効率化を考えることが必要となりますが、ESを向上させることが大切になります。

(3) 顧客のリピート・紹介を増やす

HPなどによる広告も大切になってきていますが、依頼者が、事務所を好きになってくれ、事務所の一員のようになって口コミで依頼者を紹介してくれるようになると（ファン化）、広告以上に効果的です。そのためには、あとで述べるCSの向上が重要となります。

4 マーケティングの進化

マーケティングは、お客様に売り込むプッシュ型営業から、お客様に手を挙げてもらうプル型営業、そしてお客様に一体になってもらうコミュニティ型営業と進化していると言われます。

プッシュ型営業とは、セールスマンが売り込みにいく営業で、プル型営業とは、広告などにより客を引き込む営業です。

これに対し、コミュニティ型営業とは、お客様が、会社・事務所を好きになって会社・事務所と一体化し、会社・事務所の一員のようになって顧客を拡大してくれるようにする営業です。顧客を拡大してくれる会社・事務所の一員のようになったお客様は、口コミで顧客を広げてくれる事務所のファンですね。

弁護士は、以前は断るほど仕事が来ていましたから、マーケティングなどを考える必要はありませんでした。以前は広告禁止だったので広告できなかったのですが、広告解禁でウェブサイトなどでの広告も増えてきました。そのような広告で新規客を獲得しながら、良い仕事をして事務所のファンを増やしていくのが法律事務所の効果的なマーケティングだと思っています。

しかし、広告などによりいくら新規客が来ても、お客様が満足する良い仕事ができなければファンとはならず、むしろ悪い噂を広げられてマーケティング的にはマイナスです。

そうならないようにするため、お客様が満足する良い仕事ができる体制を整えることが大切です。お客様の期待を超える応対をし、仕事で感動を与えることができれば、ファンとなってくれるのです。過去の事件の相手方が、自分の仕事ぶりを見ていて別な事件を相談・依頼してくれ、そしてファンになっていくのは弁護士冥利に尽きるものです。

5　価格競争に巻き込まれないために…また会いたい弁護士に

ウェブサイトやインターネット上の集客サイトによる広告は、法律事務所の敷居を下げて一般の方々が弁護士に相談しやすくなることに効果があったと思います。

当事務所でもそのような広告を行っていますが、少し軌道修正を考えています。

というのは、そのような広告からの相談申込みの電話やメールの中には、とても軽い気持ちで、電話で無料相談を受けてしまおう、いくつかの法律事務所に弁護士費用を聞いて安いところに頼もうという方もいて、そのような方への応対が負担に感じられる場合もあるからです。

既存の依頼者や知人、顧問先や顧問先の従業員等からの相談に丁寧に応対して満足してもらってファンになってもらう。そして、仮に他より弁護士費用が多少高くても、また来たい、また会いたい、また話したい、誰かに紹介したいと思ってもらえる法律事務所・弁護士になる。そうすれば、価格競争に巻き込まれないで済む。

ウェブサイトは、当事務所や所属弁護士について評判を聞いた人が確認し、信頼できそうだと思ってもらえる名刺やパンフレットのようなものにしようかと考え出しています。

Column 3

講義やセミナーの講師は一石三鳥！

1　これまでの講師遍歴

私は、弁護士になって１年目から現在まで、いろいろなところでセミナーや講義の講師を行ってきています。

中学生には「お父さんは何のために働いていると思う？」と働く喜びや弁護士の仕事のやりがいを語り、農協の職員や陸上自衛隊の隊員には「愛人契約を結んだら迫れるか？　拒まれたら手当を返してもらえるか？」などと民法をわかりやすく教えてきています。自衛隊ではリクエストで憲法の平和主義についても説いたこともありました。いろいろな企業等で、ないところからは取れないと債権回収の極意や、賃貸人の気持ちはわかるが賃料滞納がなければ立退訴訟は困難と賃貸借の基礎知識を伝授しています。

法科大学院生には弁護士に対する三大クレームを紹介しながら良い弁護士になろうと熱く語り続け、司法修習生には某弁護士のマンションの共有持分の差押えの起案で執行法を身に付けさせました。東北地方の書記官に対する研修では、自分で破産管財人マニュアルと書式集を作成・配布し、このようなやり方だと合理化できるのではないかと提案し、司法研修所での裁判官研修では、民事裁判における裁判官の言動について弁護士の立場から注文をつけたりしたこともありました。

弁護士向けには、平成10年頃から５～６年間、弁護士になって１年経過した弁護士に破産管財人実務のセミナーを行ったことがありましたが、東日本大震災後、いろいろと工夫・改善してきた弁護士業務や法律事務所経営のポイント・勘所を言い残したいとの気持ちにかられ、積極的に若手弁護士セミナーを何回か行いました。

講師料は、高いと時給10万円位のときもありましたが（約30年で数回のみですが）、普通は時給２万円前後で、低いと時給マイナス２万円のこともありました。マイナスというのは、若手弁護士セミナーについて会場費やその後の懇親会も私が負担したからでした。「先生、今日は懇親会やらないんですか？」と質問した弁護士がいましたが、「先生、お礼に一席設けます！」だろう！と思いました。

受講者数は、一番多いのでは仙台サンプラザで約1000名の講演がありましたが、50名前後のものが多く、少ないときは２～３名のときもありました。妻や子供に聴講させたこともあるのですが、冥土の土産にと母を聴講させた際に受講者３名だったのはお互いに恥ずかしかった…。

平均すれば年200時間位は講師を行ってきているので、すでに5000時間は超えて6000時間位にはなっているのではないかと思います。

忙しいのになぜそんなに講師を引き受けるのか？　それは講師を務めるのが好きだからなんですね。少し詳しく言えば、講師を務めることは、勉強になる！広告になる！健康になる！の一石三鳥だからなんです。

2　一鳥目：勉強になる！

講師を務めるには、話す内容を理解していなければなりません。質問を受けることもあるので、受講者の前で恥を掻かないようにしっかり勉強せざるを得ません。そのため、新しいことを勉強して身に付く割合は、本を読んだり講義を聞くだけでは１割程度なのが、ディスカッションすると５割程度に上がり、自ら講師を務めれば９割に上がると聞いたことがあります。

そこで、法律の改正が行われた場合や新しい分野が話題になっている場合、そのようなテーマについて講師の依頼を受けたときは、どちらにしても勉強しなければならないのだから、まだ勉強していない段階でも講師を引き受けてしまうことにしています。

すると、講師を務めるまでの間にレジュメを作って人に教えられるレベルまで勉強せざるを得ず、そのテーマについての勉強が格段に効率アップします。しかも、受講料を支払って勉強するのではなく、講師料を貰えるのです！

ここ数年は、家族信託、債権法改正、相続法改正等について、一般の方々向けや不動産業や士業向けのセミナーの講師を結構な回数引受け、始めはドキドキでしたが一生懸命勉強して講師を務め、勉強になりました！

初めての分野についての講義・セミナーのレジュメ作り等の準備は大変で、準備の労力を考えると１回の講師料では最低賃金を下回ります。しかし、同じ内容で数回行うのあれば、２回目からは準備時間がとても少なくて済むようになるので元がとれるんです！

3　二鳥目：広告になる！

一時期、講師料が低いのはお断りしようと思ったことがありました。弁護士が売れるのは自分の時間だけ。準備にも時間がかかるんだ。知的サービスへの評価が低いのは納得できない。との思いが湧いてきたからでした。

しかし、法律事務所の安定した経営のためには広告を考えざるを得ない時代になり、セミナーの講師は良い広告なのだと考えるようになりました。

セミナー会場の準備・設営はもちろんのこと、顔写真入りの新聞広告やチラシで集客してもらえる！これを自分で行おうとしたら手間も費用も大変です。そして、セミナー当日は、恥ずかしくなるような褒められ方の講師紹介をしてもらえ、講師料までいただけるんです！

講師料が低いなどというのは不遜でした。最近は講師料が低くても「はい、喜んで！」と受けることにしています。

一般人向けのセミナーを主催する企業は、多くの受講者を集めての顧客の拡大や維持を目的にしています。そこで、セミナーの内容やキャッチコピーは、集客に効果があるようなものを考えてあげる。セミナーの中では主催者にそれとなく言及する。もちろん、受講者には参加して良かったと思ってもらえるようなセミナーにする。すると、受講者にも主催者にも満足してもらえ、「ぜひ、また講師をお願いします！」「うちでも講師をお願いします！」となり、こちらのわがままも聞いてもらえるようになるんです。

レジュメと一緒に、事務所の各種リーフレット、出版物やメルマガ等の案内のチラシも配布させてもらえ、司会が熱心に宣伝してくれることもあります。

多少ですが、本は売れる！メルマガの登録者は増える！　時間はかかりますが、依頼者は増えるんです！

4　三鳥目：健康になる！

カラオケは、ストレス発散になり健康によいと言われています。セミナーや講義で講師を務めるのは、受講者に聞こえるように大きな声を出し、終われば拍手を貰えて良い気持ちになれる！カラオケと一緒でストレス発散になり、健康に良いのです。

もちろん、受講者に不評ではストレスが溜まり健康に悪いことになってしまいますので、良いセミナーや講義となって受講者が満足して盛大な拍手を貰えるように、しっかりした準備が欠かせないことになります。

まずは、どういう構成にするとわかりやすいか検討しながら、法的に間違いのないレジュメを作成する。さらに、どんな具体例を出して説明すると内容を理解してもらいやすいか、受講者に受けるかに考えをめぐらす。直近の時事ネタは受講者の食いつき良いので取り入れる。

当日は、多少早めについて会場をチェック。講師用のイスは準備されているかや、座ったとき私の顔が見えなくなる受講者はいないか等を確認し、気づいたことがあれば改善をお願いする。受講者に配布されるものも確認する。約10年ほど前、私のメールへの添付ミスで最終版の前のレジュメが配布されてしまっていたことが判明しあせったことがありました。動揺を顔には出さず何食わぬ顔で講師を務めましたが。やはり、事前の入念なチェックは必要です。

本番前は、最終準備があるのでと主催者との歓談は手短にしてもらい、前振りなどを再確認し気持ちを高めてはいスタート！

最新の芸能や時事のネタを取り上げて関心を引き本題に入って行く。一般人が間違いやすい具体的設例について○か×か挙手させたうえで解説し、「あっそうなんだ！」と理解してもらいながらエンディングに流れるように向かっていく。

そして、最後は「くだけた話し方をして失礼な点があったかもしれないが、内容を理解してほしいためですのでご容赦いただきたい。今日お話ししたことが皆さんの仕事や生活に多少でも役立てていただければ幸いです。ご清聴ありがとうございました！」と落とす。

そこで、盛大な拍手を貰えると爽快・ストレス発散となり、その後のビールも旨い！健康にも良い！はずなのです。

5　これからの講師予定

すでに定例の講義やセミナーが来年３月まで予定されており、さらにいろいろな講師の依頼が入ってくるだろうとの皮算用です。

講義やセミナーの日時は、ベガルタ仙台のホームゲームの時間や、事務所や外部委員の各種会議の既定の時間を避けつつ調整していきます。東京での講演は日弁連の会議等で東京に出張する日にとか、大阪や遠方であれば観光も兼ねられないかと考えます。

以前は、話し続けている間は居眠りするようなことはないだろうと、講義の前は睡眠時間を削って準備や仕事をし、３日連続で10時～17時の講義を行ったこともありました。でも、立ったままで一瞬居眠りしたこともあり、年とともに疲労の回復力が落ちた気がしているので、最近は、睡眠時間を削ることはしないで６時間しっかり寝て、昼食タイムには昼寝も行い（「講師昼寝中・お静かに」と張り紙をしてくれるところもあります。）、ベストなパーフォーマンスを発揮できるよう心がけています。

いろいろなところで講師をしてきたため、いろいろなところで「先生の講義を聞きました！」と受講生と会うことがあります。

飲み会などで「官澤先生の真似！」と言って、ポケットに片手を突っ込んでうろうろし「さて、～君。愛人契約の効力はどう思う？」と真似する奴もいました。これが上手くて笑えた！

法科大学院の教え子には、「先生、依頼者との関係も男女関係も、『何事も、大切なのは別れ方。』ですよね。」と、弁護士倫理の勘所を覚えていることを自慢げに言われたこともありました。弁護士倫理はそれだけじゃありません！

毎年同じ内容で行っているセミナーについて、何回も受講する追っかけファンのような受講者がおり、「先生、今日はあの冗談は言いませんでしたね（笑）。」などと指摘されたことがありました。「代わりに講師してよ。」と応えました！

官澤綜合法律事務所は、弁護士は70才になった年の12月末で定年なのですが、その後は、ぼけ防止と老後の楽しみのため、単発のセミナーや講演の講師の依頼は受けようと思っています。長期の講義は、倒れたりすると迷惑をかけるので受けないようにしようと思っています。

最近は、事務所でのセミナーを録画してＨＰで公開もしているので、私の葬儀の際には、写りの良いものを流してもらおうと思っています。

そんなことを考えながら、私の講師三昧は死ぬまで続きます！

6　法律事務所での CS の向上策…ファンの作り方

お客様は、品質・価格・応対により購入先・依頼先を決めると言われています。

品質は当然として、それに良い応対が加われば、お客様は、価格にとらわれずに依頼してくれ、ファンとなってくれるものです。良い品質・良い応対を提供できれば、価格競争に巻き込まれないで済むのです。

良い応対については、接客力を上げるための３つのＳである、スマイル（笑顔）・シンセリティ（誠実）・スピードを心がけることが大切です。

応対については、職員の果たす役割も大きいので、お客様に喜んでもらうのが働く喜びと職員に植え付け、職員が喜んで働く職場作りをすることが大切です。職員がお客様に喜んでもらおうと喜んで働いていれば、それはお客様に伝わりお客様が感動し、その感動を他の人にも伝えようとファンになっていくと思っています。

良い応対になるかは、何をするか（テクニカル・スキル）だけでなく、どんな心でするか（メンタル・スキル）に左右されます。心が伴わない上辺だけ丁寧な応対は、お客様に見透かされます。心が伴ってこそお客様の感動を呼ぶのです。ですから、お客様に喜んでもらいたいという心が大切なのです。その心が身に付いていれば、何をしたらよいかは自ずと明らかになるのです。

以下、CS を向上させる法律事務所の具体的対策を２つ述べます。

⑴　三大クレームを受けないようにする

法律事務所の CS を向上させるためには、法律事務所について寄せられる三大クレームを受けないようにすることが基本中の基本となります。

三大クレームとは、前述のとおり「応対が横柄」・「処理が遅い」・「報告がない」であり、他の業界では当たり前のことである丁寧な応対・迅速な処理・まめな報告を徹底すれば、それだけで他の法律事務所に比べてCSを向上させることができることになります。

法律事務所について寄せられる三大クレームについては、前述の「官澤の4つのお願い」に詳細と対策を記載していますので、クレーム防止・CS向上のためにお読みください。

ちょっと一言

優しい依頼者に要注意！

依頼者の中には恐い依頼者もいれば優しい依頼者もいますよね。

注意しなければいけないのは、実は物わかりのよさそうな優しい依頼者なんです。

恐い依頼者については、怒られるのが恐くて自ずと処理も報告も速くなる。ところが、優しい依頼者については、油断して後回しになり、だんだん不満が溜まって最後に大爆発！　の恐れがあるんです。くわばらくわばら…。

⑵　来所したお客様を大切にする

そして、来所したお客様を大切にすることです。弁護士にとっては1／50～1／100ですが、お客様にとっては1／1で何日か前に予約して来所しているわけですから、その来所していただいた30分を大切にして満足していただくことです。

その30分で満足していただくためには、見えないところでの十分な準備と見えるところでの丁寧な応対が大切です。

当事務所では、弁護士が事前に記録を読むなどして準備して打合せに臨むことは当然のこととして、見えるところでのお金をかけないCS向上策として次のようなことを行っています。

お客様は待たせない。笑顔で挨拶する。ドリンクメニューから飲み物を選んでもらう（よく来るお客様については好みを覚える）。打合せ中は電話には出ない。エレベーターまでお見送りする。にわか雨用に傘・タオル・靴下を、お子様用に絵本を備えておく。

その徹底のため、朝礼で挨拶練習を行っています。

丁寧な応対は、法律事務所、特に弁護士は苦手なところですので、当事務所では、外部のビジネスマナー研修やクレーム応対研修に弁護士も含めて順番に全員参加、講師を招いての所内研修、電話応対チェックの覆面調査などをして研鑽を積んでいます。

ちょっと一言

ユーザ協会が年5000円の会費で優れ物！

日本電信電話ユーザ協会という公益財団法人があり、年5000円の会費で新入社員研修、ビジネスマナー研修、電話応対ブラッシュアップ研修、クレーム応対研修、さらには各種パソコン研修まで無料！

独自の研修が困難な法律事務所や中小企業では重宝する優れ物です。毎月送られてくる会報「テレコム・フォーラム」も経営の参考になり、私は使えそうなところは手帳にメモしています！

Column 4

紙の新聞を楽しめ！
娯楽・勉強・営業の３つの効能あり

1　私は、現在、地方紙（河北新報）、全国紙（朝日新聞）及び日本経済新聞の３紙を毎日全ページに目を通しています（精読とはいきませんが）。

楽しみにしている連載小説やコラムもありますし、法律の改正や裁判の解説等が勉強になるとともに、各種業界の来客等との話題のネタ拾いにもなるからです。

自席で新聞を読む時間を確保するのは難しいので、いつも新聞を持ち歩き、公共交通機関での移動時間、店で頼んだ食事が出てくるのを待つ時間、エレベーターに乗っている時間等、上手に新聞を広げて目を通しています。

ところが、最近はスマホ等でネットのニュースを読めば足りるという考えで、紙の新聞を読まない人が増えているとのこと。たしかに、以前は新聞を広げている人が多かったのに、最近は新聞を広げているのは私くらいでスマホをいじっている人が圧倒的に多い…

しかし、私は、法科大学院生や司法修習生に話す機会がある際には、紙の新聞を読むことを強く勧めてきています。

スマホやパソコンでネットのニュースは、自分が関心のあるところは拾い読みするものの、他のところは目を通さないでしまう。

これに対し、紙の新聞は、広げれば自分が関心のない分野の見出しも自ずと目に入り見聞が広がっていくのです。そして、以下に述べるように娯楽・勉強・営業の３つの効能があるので、購読料を惜しまず紙の新聞を読んで楽しみましょう！

2　効能１…娯楽

朝刊・夕刊に連載小説が掲載されていますので、同時並行で何本かの小説を毎日読むことになります。知らない作家で普通なら読まないような小説も、掲載されているのでとりあえず読んだところ、面白くてその作家の他の小説も読んでみようかという気持ちになることもあります。

連載されているコラムも、気に入って毎回楽しみになることもあります。

このような小説やコラムは、面白いだけでなく、そのときの自分の心の状態によって深く染みてくることもあります。

もちろん、応援しているスポーツチームの試合の結果や芸能関係の記事も楽しみですが、実は、私は、手軽にできそうな料理や便利な各種グッズの紹介の記事も好きで、これはと思うものは切り取っておきます。そのまま日の目を見ないのもありますが。

3　効能２…勉強

最近は法律の改正や注目すべき裁判の判決がでることも多く、それらをフォローするのがなかなか大変ですね。

そのようなとき、新聞の記事を読むのが効率的な勉強となります。

法律の専門誌より早いですし、一般人向けの記事になっていますのでわかりやすい！新聞の記事ですばやく概要を把握し、詳しく知りたいところは法律の専門誌や専門書でフォローするのが効率的です！

4　効能３…営業

我々弁護士のところにはいろいろな種類、いろいろな業界の相談がきますが、すべてに精通しているのは現代社会では無理なこと。

しかし、新聞をざっとでも目を通していると、現在受任中の案件に関係するような記事、現在の依頼者や顧問先に関係するような記事の見出しは、自ずと目に留まります。

相談や打合せの冒頭に目に留まった見出しや記事を話題にすると、相手は、この弁護士は自分や業界のことを気に掛けてくれていると好印象を持ってもらえ、話がスムーズに進むことがあります。また、相手からその業界の詳しい話しをしてもらえ、その業界について理解が深まることもあります。

ひいては、その業界の会社と顧問契約に至ることもあるのです！

第11 電話応対の勘所～良い応対は電話に始まる！

1　電話番号の確実な聞き取り

法律事務所には、依頼者、新規の相談者、相手方、裁判所等いろいろなところから電話がかかってきますが、どこからの電話でも、こちらから電話をするときのために電話番号を確実に聞き取ることが大切です。

当事務所では、以前から電話番号・FAX番号の確実な聞き取りを心がけてきましたが、特にFAXの誤送信は大問題となる恐れがあるため、FAX番号の確認を重視し、それに比べ、電話は万が一間違えたとしても「間違えました」で済むか…と電話番号の確認を多少軽視していました。

しかし、新規相談の電話が事務所にかかってくるまでには、ホームページ等のインターネット対策、異業種交流会への参加や各種の広告等、相当額のコストがかかっているのです。その結果かかってきた貴重な相談の電話なのに、電話番号の聞き取りミスのせいでこちらから連絡することができなければ、大切な依頼者を得損なってしまうことになります。それだけではなく、「電話もくれない冷たい横柄な事務所だ」と悪い評判をたてられる恐れもあります。

そのため、最近では、電話番号は必ず復唱して確認し、確実に聞き取ることを徹底しています。少し気づくのが遅かったのですが…。

ちょっと一言

数字の間違いは致命的ミスに繋がる恐れ！

電話番号、FAX番号、送金口座、金額等、数字の間違いは致命的なミスに繋がる恐れがあります。企業秘密や個人情報が記載された文書を誤ってFAXしたら大問題！

送金先や金額を間違って返金を渋られたら、不当利得返還請求訴訟はできますが、その手間暇が大変。訴訟で勝って相手に資力がなければ自分が被らざるを得ない！

ですから、当事務所では、数字の間違い防止に力を入れていますが、なかなかゼロにはできず、悩んでいます。

ある知り合いの弁護士は、自分の事務所側の送金ミスのため、実際に不当利得返還請求訴訟を行ったそうです。もちろん、着手金も報酬もゼロの訴訟です…。

ちょっと一言

自分の住所の番地や送金口座の番号は間違えないでほしい＝

前述のように、当事務所では数字の間違い防止に力を入れていますが、依頼者に教わったとおりの住所に郵送したのに宛所不明で戻ってきたり、依頼者に教わったとおりの口座に送金したのに口座不明で送金できなかったりといったことがありました。

当事務所の記載ミスかと思い確認したところ、いずれも依頼者本人が手書きで書いてくれたメモのとおりの番号なのです。

何年も住んでいるのに番地を間違えないでほしいもの。自分の口座なのだから通帳を見て正しく書いてほしいもの。

郵便が戻ってきたり、折り返しの電話が遅れたりするのであれば、まだ救われるものの、誤 FAX や誤送金となると、たとえ依頼者のミスであっても仕方ないでは済まない場合もある…。

そのため、当事務所では、依頼者本人が書いたものでも、FAX 番号は名刺等で確認し、確認できないものはサンプル７のような「FAX 番号確認のお願い」で確認してから送信します。また、口座番号は必ず通帳のコピー等で確認してから送金するようにしています。

■サンプル７　FAX 番号確認のお願い

ＦＡＸ番号確認のお願い

年　　月　　日

貴方様ＦＡＸ番号

０　　　－　　　－

仙台市青葉区二日町１番 23 号-10Ｆ

官澤綜合法律事務所

TEL022-214-2424 FAX214-2425

お忙しいところ恐縮です。

貴方様にＦＡＸで連絡を行う際の番号について、当事務所では上記のとおり把握しております。(なお、貴方様の御名前は、他の方が貴方様になりすますことを防ぐため記載しておりません。)

間違いや御迷惑等を防ぐため、申し訳ありませんが、間違いの有無等について下記に御記入の上で御回答のＦＡＸ返信をお願い致します。

貴方様への各種書面のＦＡＸは、御回答を確認してから行いますので、御協力のほどよろしくお願い申し上げます。

記

ア　上記番号へのＦＡＸで問題ありません。

イ　ＦＡＸは次の番号に行って下さい。→

ウ　上記番号で間違いありませんが、ＦＡＸは行わないで下さい。

エ　間違いですのでＦＡＸは行わないで下さい。

オ　その他

貴方様御名前＿＿＿＿＿＿＿＿＿＿＿＿＿＿＿＿

返信ＦＡＸ番号０２２－２１４－２４２５宛

2　保留の上手な使いこなし

最近の電話は感度が良く、送話口を手で塞いでも声を拾うので、本人にすぐ回さないで所内での会話をする場合や資料を取りに行ったりする場合は、保留にすることを徹底しましょう。うっかり保留にせずに電話の相手の気に障るようなことを所内で話してしまうと、それが相手に聞こえてトラブルになってしまう恐れがあります。

実際、裁判所に事件のことで電話をすると、電話に出た職員が保留にしないままで記録を取りに行ったり、担当書記官と話しをしていたりすることがあります。「官澤弁護士から、○○○という電話がきていますよ」「後で電話するって言っておいて」といった会話が聞こえてくる程度ですが、万が一「あの弁護士って自分は書類提出が遅れるくせに、せっかちに調書を催促してくるんだよな〜」などという話が聞こえたりしたら大変です。たまに、「保留にした方がいいよ」と助言しているのですが…。

もう一つ、電話の感度が良いことで注意が必要な点は、職員に「弁護士は外出中です」と答えさせておきながら、その弁護士本人が電話の近くで大きな声で指示等を行うこと。至急の書類作成等のために出られないこともあるかもしれませんが、電話の相手に居留守がバレバレになってしまいますので注意しましょう。

逆に、長すぎる保留にも注意が必要です。相手からきた電話で、回答するために必要な資料を探すからと保留にしたような場合、少し時間がかかりそうだと思ったら、いったん電話を切って折り返しの電話で回答するか、保留で待ってもらうかを相手に聞くようにしましょう。というのも、もしかすると雨の中で傘をさして立っているなど、長い保留を待っているのが辛い状況である可能性もあるからです。良い印象を持ってもらう、良い仕事をするためには、電話越しであっても、相手の置かれた状況への想像力が大切です。

3　速いレスポンスで評判アップ！

当事務所に来る前にも何人かの弁護士に依頼したことがある企業から、「先生の事務所はレスポンスが速いよね」と褒められたことがありました。

待っている電話がなかなか来ないとイライラするもの。そこで、当事務所では、電話が遅いなどと依頼者をイライラさせないため、次のような注意を行っています。

⑴　まず、前述のように、相手から電話番号を確実に聞き取ってメモをします。弁護士と以前にも電話で話をしたことがある場合、「先生は自分の電話番号を知っています」と言って電話番号を教えてくれない人もいます。しかし、弁護士がその電話番号を記録していないこともありますし、外出先で電話番号を調べにくいときもあります。そこで、職員には、念のためとお願いして何とか電話番号を聞き取ってもらうようにしています。それでも教えてくれない人は仕方ありませんが…。

私も、私の電話番号を当然知っていると思われる相手先から電話番号を聞かれることがあります。そのようなときは、当事務所と同じように折り返しの電話をスムーズにするためだろうなと思い、快く10桁の電話番号を告げます。「番号は知っているはずだ」などというやりとりするのは時間の無駄ですし、印象も悪いものです。

⑵　次に、スケジュール表を確認し、折り返しの電話が何時頃までにできるかを伝えます。

期限を伝えるとき、「10時から12時までの間」や「何日の午前中」などといった、前後の幅がある伝え方は避けましょう。相手は、どうしても前を基準に待ってしまいますので、10時を過ぎた時点で、まだ電話が来ないとイライラし始めるからです。期限は、「何日の12時までに」と後を切って伝えることが勘所です。12時を過ぎるまでは遅いと言われることはありませんし、その前に電話をすれば連絡が速いと思ってもらえるからです。

折り返しの電話を何時頃までにできるか職員が伝えるためには、弁護士や職員のスケジュールが事務所内で共有されていることが不可欠です。

スケジュールの共有は、事務所が一体となって良い仕事を行っていくためにも重要であり、当事務所では、弁護士・正職員のスケジュールを、パソコンで共有・管理するとともに、毎日朝礼を行い、裁判等で外出をする際、折り返し電話が可能となる時間も確認しています。

(3)　受けた電話の内容を、メールで弁護士に伝えます。

当事務所では、弁護士が留守中の電話の内容をすべてパソコンに入力しています。そこからメール送信ボタンをクリックすれば弁護士にメールが送信されます。内容には折り返しの電話番号を記載しており、スマホに送られたメールからその電話番号をクリックすれば、折り返しの電話が簡単にでき、速いレスポンスを可能にしています。

なお、パソコンの電話内容の一覧表は、依頼者などからの苦情などを早期に把握して対応するためにも利用しています。

(4)　折り返しの電話は、期限前に早めに行います。

折り返しの電話は、約束の期限に遅れないようになるべく早めに行うようにします。

相手に「また電話します」と言われてこちらからの折り返し電話の約束をしなかった場合でも、早めに自分から電話した方がよい場合が多いです。

特に、憂鬱な電話ほど早めに自分から電話するのが勘所です。というのは、自分の気持ちの準備が不十分なところに準備万端の相手から電話を受けるより、自分の準備を十分にして相手が準備不十分のところに電話をする方が、精神的に優位に話を行えることになるからです。先延ばしにすると、余計に面倒になったり、事態を悪化させたりしてしまいます。憂鬱な電話ほど、自分の方からから朝一番で行うことがおすすめです。

とはいえ、個人宅への電話を朝一番にする際、あまり早すぎても非常識と怒られますので、相手が会社に出勤する前に話をしたいときには午前７時10分に行うことが多いです。会社出勤のない人については、NHKの朝の連続ドラマが終わった頃を見計らい午前８時20分がゴールデンタイムと思っています。

ちょっと一言

同じ事務所の若手弁護士を○○君と呼ぶのはNG！

金額が小さい事件のため、当初は相手方弁護士と直接交渉していた依頼者。なかなか思うように進まず、当事務所に相談に来たとのこと。話を聞くと、「相手方弁護士の○○君がまだ新米だから話が進まない」と、なぜか相手方弁護士を軽んじている。相手方弁護士を○○君と呼ぶ依頼者も珍しい…。

さらに聞くと、相手方弁護士から請求書が来たので、連名の所長弁護士に電話したところ、「この事件は新人の○○君が担当で、今、彼は留守なので後で○○君に電話させる」と言われたため、その後は自分も○○君と呼んでいるとのこと。

弁護士同士で先生と呼ぶのはおかしいという意見があります（でも、相手の名前を忘れたときなど実は便利です）。

また、自分の事務所の弁護士を外部の人に対して先生というのはおかしいとの意見もあります。でも、マナー研修の講師に質問したところ、医者や弁護士の場合は、おかしくはないとのことです。

少なくとも、この場合の相手方弁護士の所長のように、○○君と呼ぶのは止めましょう。

同じ事務所の若手弁護士を君づけで呼ぶのは、依頼者や相手方からその弁護士がなめられる原因になるのだと痛感しました！

第12 来所者対応の勘所〜このひととき、私はあなただけのもの！

1　多くの依頼者には一生に一度の出来事

依頼者の中には、顧問先の方のように法律事務所に来慣れた人もいますが、新しい相談で来所する方の多くにとっては、初めてで、しかも一生に一度の出来事。

何日か悩んだ末に思い切って相談予約の電話をし、どんな弁護士なのだろう、どんな対応をされるのだろうと緊張して来所するのです。女性の中には、事前に美容室に行ったり入念に化粧をしてから来所する方もいます。男性も女性もお出かけ用の服を着て来所されます。

私たち弁護士にとってはルーチンワークでたくさん抱えている事件のうちの１件かもしれませんが、来所者にとっては唯一の案件として何日か前に予約して来所しているわけですから、とあるカリスマ美容師のように「このひととき、私はあなただけのもの！」という気持ちで、丁寧な応対を心がけることが大切です。

当事務所では、来所者を５分以上待たせることを防ぐため、タイマーを相談室の数だけ購入し、来所者が入室後、５分経過すると警報音が鳴るように設定しました（写真参照）。警報音が鳴るとうるさくて仕事に支障があるので効果が期待できます。警報音ゼロが目標です（タイマーは、昼寝の寝過ごし対策にも活用されていますが…）。しかし、待たされる人の時間感覚は実際の３倍ともいいますから、５分×３は15分…。もっと、厳しい時間設定が必要かもしれません。

人は、自分が大切に思われているか、扱われているかを敏感に感じるものです。丁寧な応対はきっと来所者に伝わるはずです。

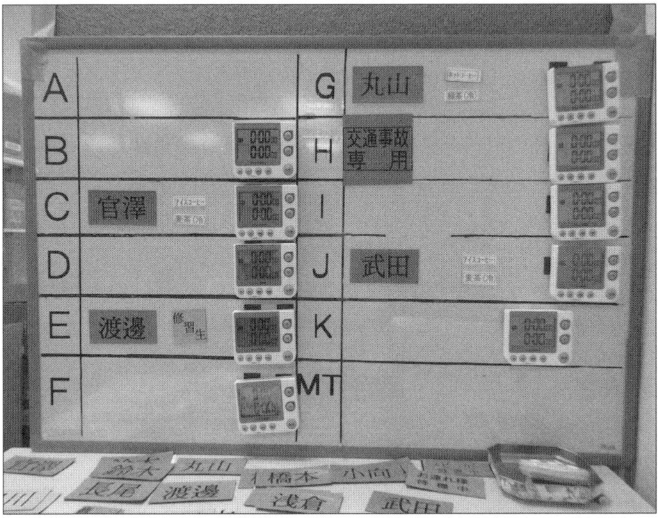

2　子連れ来所者への配慮

私の事務所には、子供のことの相談ではなくても、赤ちゃんから小学生くらいまでの子供を連れて来所される方が時折います。

弁護士との相談や打合せは、子供には聞かせたくない内容も多く、また弁護士への迷惑にもならないかと気を遣うため、預けられるところがあれば子供を法律事務所に連れて来たくなどないはずです。しかし、預けられるところがないため、やむなく連れてきていることがほとんどです。

また、親というのは、飲食店や乗り物等などで子供が泣いたり騒いだりして、周りから白い目で見られて辛い思いをしたことが多いはず。しかし、少子高齢化の進む現在の日本では、子育ては私たちの未来を支える大切なことですので、子育て中の方々が辛い思いをしないような対応を心がけたいものです。

当事務所では、子供用の飲み物としてドリンクメニューにのせていないジュースも準備してあります。また、打合せ中に退屈しないよう、私の子供たちが読んだ絵本（「ノンタン」シリーズや「ウォーリーを探せ」など）を置いておき、TV の子供番組を見せた方がよい場合には TV のある部屋に案内します。当事務所の相談室は全室防音なので、多少子供が泣き叫んでも隣りの相談室での相談に迷惑をかけることはありません。

ところで、近くの整体院は出産後の腰痛等の改善の治療に力を入れており、保育士を雇って「託児所付き整体院なのでお子様連れでも安心」と宣伝しているのを見ました。今まで考えたことがなかったのですが、法律事務所でも「お子様連れでも安心」「お子様連れ歓迎」が売りにできるかもしれませんね。

3　念のための暴漢対策

法律事務所には、様々な方が来所します。相談者、依頼者などの友好的な人が多いですが、事件の相手や倒産会社の債権者などといった、敵対的な人もいます。また、なかには暴力団関係者等の反社会的勢力に該当する恐い人もいます。

私は、弁護士になって30年以上経過していますが、酒癖の悪い人が酔ったまま来所し、絡んでなかなか帰らずに困ったことや、私が交渉のために家を訪問すると知りながら、猟犬の鎖が外されていて猟犬に襲われたことはありました（手に持っていたカバンで撃退して難を逃れましたが)。しかし、事務所で暴れられたという経験はありませんでした。

めったにあることではないでしょうが、性格が異常な人や逆恨みした人が事務所で暴れることに備え、事務所に所属する弁護士・職員の安全を確保するための暴漢対策も大切になってきています。

そのような事態が生じた場合は、警備会社や警察に電話連絡して助けを求めることになりますが、助けが来るまでの間の危害を防ぐため、当事務所では、大きな音が出るブザー、熊も撃退できるという催涙スプレー、大男の動きも抑制できるトゲトゲ付きの刺又（さすまた）を受付に備えました（写真参照）。

これらを使うことがないのが何よりですが、備えあれば憂いなし、です。

第13 相談申込者の「ファン化」～微差力で勝負！

1　弁護士や事務所を好きになってもらおう

様々な縁や営業努力で相談を申し込んでくれた人には、できれば弁護士や事務所の対応に満足してもらいたいもの。そして、弁護士や事務所を好きになってもらう＝ファンになってもらえれば、口コミで相談者・依頼者を増やしてもらえるようになります。

相談申込者をファン化するためにはどのような対応をしたらよいのか、当事務所で注意している点を、受付から受任まで順次説明していきます。

私の理想は、継続中の事件の相手方をもファンにしてしまい、終了後に別の事件の相談があれば、今度は私のところに来てくれるようにしてしまうことです！ 依頼者に疑われないよう、あまり表には出しませんが…。

2　電話受付時…相談申込者と相手方のフルネームの聞き取り

まず、新しい相談の電話がきたら、電話を受けた職員が、相談申込者と相手方の氏名をフルネームで聞き取ります。これは、弁護士倫理上、当事務所で受けられない事件でないかどうか利益相反と守秘義務をチェックする必要があるからです。

初めての電話で自分と相手方の氏名をフルネームで言うことには抵抗を感じる人が多いです。「なぜそこまで言わないといけないのですか？！」と不機嫌になる人もいますが、「あなたのお相手が当事務所の依頼者や顧問先ですと、あなたからの相談は弁護士倫理上お受けできないことになっております。事務所に来ていただいてからそれが判明すると無駄足となってしまいますので、ご協力ください」と説明すると、ほとんどの人は理解し、フルネームを教えてくれます。

氏名を聞き取った職員は、相談申込者が当事務所で受任中の事件の相手方でないか、相手方が当事務所の顧問先や依頼者でないか等をパソコンでチェックし、結果をパソコンに入力し弁護士に伝えます。

本格的な相談に入った後に利益相反などで受任できないことが判明すると、相談者・弁護士ともに時間を無駄にしてしまうことになる、場合によっては受任中の事件を辞任せざるを得なくなる恐れもあるので、相談内容に入る前の氏名の聞き取り、利益相反などのチェックを徹底させています。

しかし、職員のチェックで利益相反が判明した場合でも、その段階で断ることはさせていません。それは、利益相反に該当するかどうかの判断が微妙な場合もあり、また説明の仕方によっては、現在の依頼者に対する守秘義務違反の問題が生じたり、せっかく相談の電話をくれた人に不快な思いをさせてしまうことになるからです。

せっかく電話をくれたのですから、受任できない場合でも、他の弁護士を紹介してあげるなどの丁寧な応対が大切です。その応対に感動して「今後また別の相談が生じたらぜひお願いします」「いつかはこの法律事務所に頼みたいです」と次に繋がる＝ファン化することがあるのです。

3　利益相反と守秘義務のチェックのポイント

利益相反チェックでは、次に記載の弁護士職務基本規程第27条・第28条の「職務を行い得ない事件」に該当しないかどうかを確認します。弁護士が複数いる事務所においては、同規程第57条で「所属弁護士は、他の所属弁護士（所属弁護士であった場合を含む。）が、第27条又は第28条の規定により職務を行い得ない事件については、職務を行ってはならない。ただし、職務の公正を保ち得る事由があるときは、この限りでない。」とされているため、相談を受ける弁護士だけでなく所属弁護士全員についてチェックを行う必要があります。なお、弁護士法人については、同規程第63条～第66条に同様の規程が設けられています。

利益相反チェックをクリアできた場合でも、相手方が過去の依頼者だったりすると同規程第23条の「弁護士は、正当な理由なく、依頼者について職務上知り得た秘密を他に漏らし、又は利用してはならない。」の守秘義務に反することになる恐れがないかのチェックが必要です。弁護士が複数いる事務所においては、同規程第56条で「所属弁護士は、他の所属弁護士の依頼者について執務上知り得た秘密を正当な理由なく他に漏らし、又は利用してはならない。その共同事務所の所属弁護士でなくなった後も、同様とする。」とされているため、相談を受ける弁護士だけでなく所属弁護士全員についてチェックを行う必要があります。なお、弁護士法人については、同規程第62条に同様の規程が設けられています。

第27条及び第28条については、利益相反チェックの基本となる重要な条文であるにもかかわらず、弁護士法の言葉に引きずられてか多少わかりにくいところもあり、弁護士になった法科大学院の教え子や当事務所の弁護士から質問されることが多いので、以下に掲載しました。各条項の後に内容の簡単な説明を太字で記載しました。ぜひ参考にしてください。

なお、第28条四号について依頼者の同意で禁止が解除されることになっている部分（下線を引いた部分）は、近い将来の改正で削除される予定です。

弁護士職務基本規程第27条・第28条とその説明

第27条　弁護士は、次の各号のいずれかに該当する事件については、その職務を行ってはならない。ただし、第三号に掲げる事件については、受任している事件の依頼者が同意した場合は、この限りでない。

一　相手方の協議を受けて賛助し、又はその依頼を承諾した事件

⇒・相手方からその事件について具体的な相談を受けて具体的な見解や法的手段を助言した事件。

・相手方からその事件の依頼を受けることを承諾した事件。

二　相手方の協議を受けた事件で、その協議の程度及び方法が信頼関係に基づくと認められるもの

⇒・相手方からその事件について具体的かつ信頼関係に基づくと認められるほど深く相談を受けた事件。

三　受任している事件の相手方からの依頼による他の事件

⇒・相談申込者が現在受任中の事件の相手方で、他の事件を依頼。ただし、現在受任中の事件の依頼者が同意すればOK。

四　公務員として職務上取り扱った事件

⇒・裁判官等の公務員として職務上取り扱った事件。

五　仲裁、調停、和解斡旋その他の裁判外紛争解決手続機関の手続実施者として取り扱った事件

⇒・調停委員、ADRの仲裁人等として取り扱った事件。

第28条　弁護士は、前条に規定するもののほか、次の各号のいずれかに該当する事件については、その職務を行ってはならない。ただし、第一号及び第四号に掲げる事件についてその依頼者が同意した場合、第二号に掲げる事件についてその依頼者及び相手方が同意した場合並びに第三号に掲げる事件についてその依頼者及び他の依頼者のい

ずれもが同意した場合は、この限りでない。

一　相手方が配偶者、直系血族、兄弟姉妹又は同居の親族である事件

⇒・相手方が自分の家族等である事件。
ただし、相談申込者が同意すれば OK。

二　受任している他の事件の依頼者又は継続的な法律事務の提供を約している者を相手方とする事件

⇒・相手方が現在受任中の事件の依頼者や現在の顧問先である事件。ただし、相手方及び相談申込者が同意すれば OK。

三　依頼者の利益と他の依頼者の利益が相反する事件

⇒・相談申込者と他の依頼者の利益が相反する事件。
ただし、相談申込者及び他の依頼者が同意すれば OK。

四　依頼者の利益と自己の経済的利益が相反する事件

⇒・相談申込者と弁護士の経済的利益が相反する事件。
ただし、相談申込者が同意すれば OK。

利益相反等チェック図

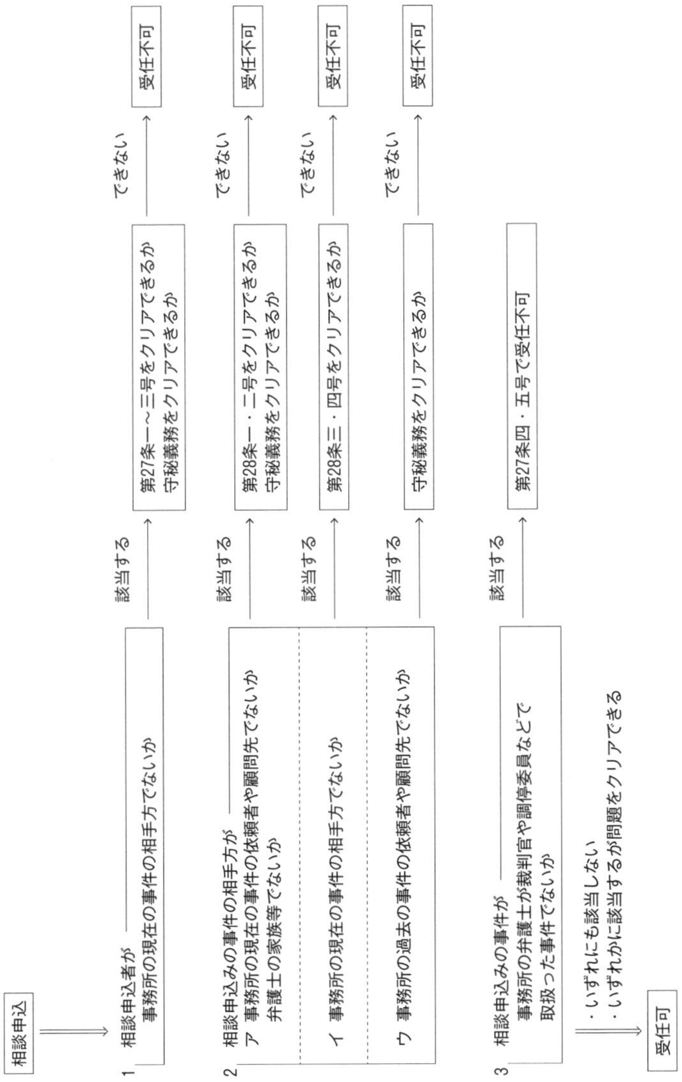
相談申込
1　相談申込者が
事務所の現在の事件の相手方でないか
該当する
第27条一～三号をクリアできるか
守秘義務をクリアできるか
できない
受任不可
2　相談申込みの事件の相手方が
ア　事務所の現在の事件の依頼者や顧問先でないか
弁護士の家族等でないか
該当する
第28条一・二号をクリアできるか
守秘義務をクリアできるか
できない
受任不可
イ　事務所の現在の事件の相手方でないか
該当する
第28条三・四号をクリアできるか
できない
受任不可
ウ　事務所の過去の事件の依頼者や顧問先でないか
該当する
守秘義務をクリアできるか
できない
受任不可
3　相談申込みの事件が
事務所の弁護士が裁判官や調停委員などで
取扱った事件でないか
該当する
第27条四・五号で受任不可
・いずれにも該当しない
・いずれかに該当するが問題をクリアできる
受任可

4　相談日時決定と内容概略把握…相談カードの事前記入

相談を受けることになれば、来所していただく日時を決めます。

その際、開始時刻は「午前10時30分頃」というように「頃」を使うのは禁止しています。「頃」だと10分くらいなら遅れても大丈夫だろうと思われ、後の相談等に悪影響があるからです。お客様から「午前10時30分頃」と言われても、「午前10時30分にお待ちしています」と再確認しています。

また、人数に応じた部屋割りや時間について、お互いに心づもりをするため、来所人数と相談時間を確認しています。

相談内容の概略は、事前に電話で聞き取ります。

それは、その内容により相談日に持参してもらう資料を適切に指示できることになり、資料が足りないために相談が後日続行というような無駄を防げるからです。

また、相談・依頼の内容が、自分が未経験のものである場合に、事前に書籍で調査したり経験のある弁護士と協議したりするためでもあります。

可能であれば、前著『事件類型別・依頼者対応の勘所～選ばれる弁護士になるために～』（第一法規、平成28年）に掲載したような、相談内容に応じた相談カードへの事前記入をお願いしています。

5　相談開始時の注意点…待たせずに、明るく・高く・爽やかに！

依頼者は、何日も前から予約をして来所されているわけですから、まずは、待たせないことです。

そして、良い第一印象が大切ですので、電話応対も同様ですが、意識的に、明るく、高く、爽やかに話し始めるようにしましょう。相談の内容によって、徐々に少し暗い表情に切り替えていくなどすると、その落差で依頼者に弁護士の共感度が伝わり、弁護士に対する好感度アップがします。

本当は良い弁護士だったとしても、偉そう、不機嫌そう、冷たそうな態度で話を始めてしまうと、悪い第一印象を与えてその後の挽回に苦労しますし、悪評を広げられることにもなりますので注意しましょう。

私生活で面白くないことがあったとしても、職場に来たら、明るく、高く、爽やかに、です。

6　相談中の注意点…傾聴し、助言は　やさしく・ゆっくり・わかりやすく！

(1)　相談の際は、まずは相談者の話をよく聴いてあげること、傾聴が大切です。

弁護士からすると、5分聴いただけで無理だろうとの結論が出てしまう相談内容もあるでしょう。しかし、5分で「それは無理です」と結論を出して終えてはいけません。

相談者は、無理かな、と薄々思いながらも諦めがつかず、弁護士に話を聴いてもらって、理屈の納得と感情の納得をしたうえで再出発するために相談に来ることもあるからです。5分で簡単に結論を出されては、理屈では納得せざるを得ないと思っても、十分に話を聴いてもらえていないという不満が残り、感情面での納得が得られません。

結論に関係ないと思われる話、本人の気持ちなどの感情的な話も予定時間の範囲内であれば傾聴してあげましょう。その上で、「お気持ちはよくわかりますが、今の法律では残念ながら無理なのです。諦めて次のことを考えましょう」と助言してあげます。

すると、相談者は、感情面の納得を得られて晴れ晴れした顔となり、こちらとしては諦めさせただけなのに、喜んで相談料を払ってお帰りになり、「話をよく聴いてくれて良い弁護士だった！」とファンになってくれるのです。

ちょっと一言

首を縦にふるだけで好感度アップ！

講師をしているとき、受講生が無反応だと聴いてくれているか不安を感じるもの。中に時々頷いてくれる人がいると嬉しくなるもの。

相談者も一緒なのです。相談者の話しを聴いているとき、時々首を縦にふりましょう。そうするだけで、話しをしっかり聴いている印象を与え、あなたの好感度アップは間違いなしです。

(2) 助言の際は、やさしく、ゆっくり、わかりやすく、が大切です。

相談者の多くは、法的知識が乏しく、弁護士への相談に緊張しています。そのため、弁護士がわかりやすく助言したつもりでも、何を助言されたのか理解できていないことがあるのです。優しい弁護士である私でさえ、「ありがとうございました」と笑顔で帰られた相談者から、後で紹介者を介して「先生、緊張して何を言われたのか全く頭に残っていないそうなんです。もう一度説明してもらえませんか」と言われたことがありました。

ですから、意識して、優しい顔と話し方で、聞き取りやすいようにゆっくりと、わかりやすい易しい言葉を使って助言することが大切なのです。

ゆっくり話すと詳しい説明の時間がなくなる、多少早口でも多くの情報を伝えた方が理解してもらえるのではないかと思う人もいるかもしれません。しかし、ものの本によれば、人間の脳は、入ってきた情報を処理・理解するのに0.45秒を要するのだそうです。その時間がないと、結局、入ってきた情報は理解されないまま素通りしてしまいます。

理解してもらうためには、“間”が大切なのです。言葉や情報が少なくとも、ゆっくりと間を取って話した方が、脳が内容を処理する時間が確保され、早口で一方的に多くの情報を伝えるよりも、きちんと理解してもらえるのです。

7　相談後の対応…可能なら資料を渡し、扉が閉まるまでお見送り

相談が終わったら、今後の参考になりそうな書籍等の資料のコピーをあげると喜ばれます。可能であれば、“当日の相談結果”のようなメモを渡すことができるとなお良いのですが、相談内容についての判例や解説本のコピーでも、依頼者の満足度は向上します。

そして、エレベーターの扉が閉まるまでお辞儀をして丁寧にお見送り。

出入りの業者や交渉相手などについても同様のお見送りをしています。丁寧に見送りをされれば誰でも好印象を持ってくれますのでおすすめです。

8　微差力でブランド化

以上に記載してきたことは、当たり前のことだと思う読者の方もいるかもしれません。

たしかに当たり前のことが多いのですが、その当たり前のことをきちんと行えているでしょうか？　当たり前のことをきちんと、そして徹底的に行うことにより生まれる他とのちょっとした違い、微差力が重要なのです。

競馬では鼻の差であっても２位は賞金が大幅減です。富士山は知っていても次に高い山は知らない人が多いものです。

商品・サービスにおける１％程度の違いが、評判や売上では大きな差となっていくのです。

依頼者のことを考え、少しずつ依頼者への対応や業務の改善を続けていけば、日々の改善は小さいかもしれませんが、その積み重ねが大きな差になっていくのです。

そのようなことを続けていくと、ある日ふと気づくことでしょう。自分のところでは当たり前となっていることが、他では特別なことであるということに。

神は細部に宿る、職人は見えない所にこそ魂を込める、と言います。

例えば、相手方や裁判所への書面は、弁護士にとっての作品です。細かいところにまで心を配り魂を込めましょう！ それは、依頼者にも伝わりますし、その仕事ぶりは相手方本人にまでも伝わります。自分の弁護士としての仕事ぶりを相手方本人にも見せつけ、自分のファンにしてしまいましょう。

このようなちょっとしたことの積み重ねが、「次の相談はあの事務所に」「いつかはあの事務所に」と、事務所のブランド化に繋がっていくのです。

第14　受任時の勘所～『見通しは、厳しめぐらいがちょうどいい！』

1　見通し等の適切な説明

依頼者が、弁護士に事件を依頼するかどうか決めるに当たっては、方法・期間・勝敗等の見通し、弁護士報酬や費用の説明を受けることが必要です。

そこで、弁護士職務基本規程第29条１項では、「弁護士は、事件を受任するに当たり、依頼者から得た情報に基づき、事件の見通し、処理の方法並びに弁護士報酬及び費用について、適切な説明をしなければならない。」と定めています。

また、見通しの説明の際は、第29条２項で「弁護士は、事件について、依頼者に有利な結果となることを請け合い、又は保証してはならない。」と定めているとおり、「絶対勝ちます」などといった有利な結果の請け合いは絶対行ってはいけません。相手方からどのような反論や証拠が出てくるかわかりませんし、どのように判断されるかは裁判官によって異なることもあるので、勝ちを請け合うことは弁護士の仕事の性質上不可能なのです。

それを安易に請け合ったりしてしまうと、後で形勢不利に気づいた依頼者から「先生の最初の話と違うじゃないですか！」と強く責められてしまい、その場逃れに嘘をついてしまったり、不公正なことや証拠偽造等の違法なことまで行いかねません。そうなると、弁護士の身の破滅に繋がります。

『見通しは、厳しめぐらいがちょうどいい』なのです。厳しめの見通しを説明しておけば、厳しい結果となった場合でも、説明どおりなので依頼者から大きな不満を持たれることはなく、また、普通の結果となった場合、説明よりも良い結果になったわけですから、依頼者からは「先生のおかげです」と喜んでもらえます。

ただ、厳しすぎる見通しも考え物です。

あまり厳しいことを言いすぎると、依頼者が本来は主張・請求できる権利を諦めてしまう恐れがあります。得られたであろう適正な着手金と報酬を逃してしまうことになる可能性もあります。

甘めの見通しはクレームのもと、厳しすぎる見通しは諦めの恐れ、ちょうどよい厳しめのさじ加減が微妙です…。

また、リスクを含めた見通しを適切に説明しても、人間は、自分に都合の良いことはよく覚えていて、自分に都合の悪いことは忘れがちなものです。そのため、不利なことやリスクも説明したにもかかわらず、そのような話は聞いていないとクレームを言い出す依頼者がいないわけではありません。

そのようなトラブルを防ぐためには、受任時の見通し等の説明の際には、不利なことやリスクは意識的に書面化して交付すること、その後に、当初の見通しと異なる不利なことが生じつつある際には、速やかに経過の報告書に詳しく記載して送ることが勘所です。

若手弁護士セミナーの際、受任時のリスク説明書のサンプルがほしいとの要望があり、サンプル８のように作成してみました。説明書①は相談前に、説明書②は相談後受任に至った場合に使用するものです。掲載しますので参考にしていただければと思います。

■サンプル８　リスク説明書

【説明書①】当事務所にご相談されるお客様へ

官澤綜合法律事務所

第１　住所・氏名の確認にご協力下さい。

弁護士倫理により、当事務所に現在ご依頼中の方や顧問先の方を相手とする事件のご相談は、利益相反等の恐れがありお受けできません。また、法律により、お金を預かる際には、お客様ご本人を確認することが求められています。

そのため、運転免許証、健康保険証、法人の登記事項証明書等のコピーを戴き、ご本人の住所・氏名を確認することが必要となりますのでご協力下さい。

なお、お客様の個人情報については、当事務所からの各種連絡及びご依頼の案件のために利用し、案件について他の専門家の意見等を求める必要がある場合は、必要な範囲でその専門家に提供することがあります。

第２　勝つことの約束はできないことをご理解下さい。

弁護士は、お客様からご相談・ご依頼戴いた案件について、弁護士倫理により有利な結果を請負うこと、つまり勝つことの約束はできません。これは、相手方からの反論や裁判官の判断などにより勝敗が左右されることがあるからです。

そのため、弁護士が説明する見通し等は、有利な結果を請負うものではなく、相手方の反論や、事実関係や法律の解釈についての裁判官の判断により、変わることがあることにご理解下さい。

なお、違法・不正な行為のお手伝いや、明らかに不当な案件・相手を苦しめることを目的とした案件は、お引受けしておりません。

第３　当事務所からの連絡等について注意点があれば次にﾁｪｯｸして教えて下さい。

□注意点は特にありません。

□ＦＡＸ不可　　□自宅への電話不可　　□郵送は事務所名非表示の封筒

□郵送不可：連絡方法は次のとおり→……………………………………

□その他…………………………………………………………

上記の説明を受けました。　連絡等についての注意点は上記のとおりです。

本人確認書類については、

□すでに渡しています。　□次のコピーを渡します。

□運転免許証　□健康保険証　□その他（　　　　　　　　　　）

年　　月　　日

お名前＿＿＿＿＿＿＿＿＿＿＿＿＿＿印

【説明書②】当事務所にご依頼されるお客様へ

官澤綜合法律事務所

第１　委任契約書等の内容をご確認下さい。

ご依頼の際は、弁護士報酬の取決めを含む委任契約書を締結の上で業務に着手することとなります。当事務所の弁護士報酬は、備えつけの「官澤綜合法律事務所報酬基準」のとおりですが、事件の難度複雑さによっては加算となることもあります。弁護士が口頭でも説明致しますが、委任契約書等（法テラスをご利用される場合は、法テラスとの委任契約書や重要事項説明書）の内容をご確認の上、ご不明の点はご質問下さい。

第２　勝つことの約束はできないことをご理解下さい。

弁護士は、お客様からご相談・ご依頼戴いた案件について、弁護士倫理により有利な結果を請負うこと、つまり勝つことの約束はできません。これは、相手方からの反論や裁判官の判断などにより勝敗が左右されることがあるからです。

そのため、弁護士が説明する見通し等は、有利な結果を請負うものではなく、相手方の反論や、事実関係や法律の解釈についての裁判官の判断により、変わることがあることにご理解下さい。

第３　和解や判決などの内容を実現できないこともあります。

示談や和解、調停などで相手方が約束したことでも、相手方の気が変わった、お金が調達できない等により、実行されないこともあります。

裁判所での和解、調停、判決で認められたことであれば、強制執行を行うことが可能となります。しかし、強制執行には新たな費用が必要となること、強制執行の対象となる物がなければ強制執行を行えないことにご留意下さい。

※　お客様との委任契約・ご依頼の案件については、次の点にご留意下さい。

……………………………………………………………………
……………………………………………………………………
……………………………………………………………………
……………………………………………………………………
……………………………………………………………………
……………………………………………………………………

上記の説明を受けました。

年　　月　　日

お名前＿＿＿＿＿＿＿＿＿＿＿＿＿＿＿＿印

2　相談申込書での確認・登録で後日のトラブル防止

相談後に事件として受任となれば、当事務所では、サンプル９の「相談申込書」に依頼者や弁護士が必要事項を記入し、それに基づいて当事務所のデータベースに事件として登録します。

サンプル９の「相談申込書」には種々の記入事項・確認事項を設けていますが、後日の利益相反チェック、連絡ミスによるトラブル防止のため、事務所としての事件管理のため、経営のためのルートや事件内容の分析のためなど、いずれも不可欠な情報であるため、その記入の徹底を推進しています。

委任契約書作成は、弁護士職務基本規程第30条で義務化されていますので、そのチェック欄も相談申込書に設けています（委任契約書については次項で詳しく述べます）。

また、同規程第22条では、依頼者本人の意思の確認と尊重が定められていますが、その前提として来所している人が依頼者本人であることの確認が必要です。友人・知人、顧問先等の場合は、顔を見知っているため心配ありませんが、ホームページなどの広告で事務所を知り初めて来所した人の場合は、なりすましということも全くないわけではありません。そこで、そのチェック欄も相談申込書に設けています。

本人確認は、犯罪収益移転防止等のため（いわゆるマネロン防止のため）に日弁連の会規（「依頼者の本人特定事項の確認及び記録保存等に関する規程」）で一定の場合に求められていますが、利益相反チェックを正確に行う前提ともなりますので、同会規で求められている場合だけでなく、初めての人についてはすべて運転免許証等のコピーをいただくことにより行うことを事務所のルールにするのがおすすめです。

最近は、金融機関や種々の場面で本人確認を求められることも増えてきていますので、本人確認のルールは、相談者から心配するほどの

■サンプル９　相談申込書

お客様の個人情報については、当事務所からの各種連絡及びご依頼の案件のために利用し、案件について他の専門家の意見等を求める必要がある場合は、必要な範囲でその専門家に提供することがあります。

＜相談申込書＞

年　　月　　日

下記をご記載ください。（名刺添付でも結構です）

●御依頼者（法的当事者）

御名前《ふりがな》

（御担当者名等　　　　　　　　　　　）

御住所 〒　　　　　　次ページ・付箋・別紙

携帯電話

電話　　　　　　FAX

E-mail

(任意)希望連絡先

御名前《ふりがな》

依頼者との間柄

御住所 〒　　　　　　次ページ・付箋・別紙

携帯電話

電話　　　　　　FAX

E-mail

☆指定連絡先に対する連絡注意事項

・電話等…　□特になし　□固定電話禁止　□FAX 禁止　□その他…

・郵送等…　□特になし　□事務所名非表示　□郵送禁止（来所受取）　□その他…郵便局留・

・その他…

●相手方　次ページ・付箋・別紙

名前《ふりがな》

住所

携帯電話

電話　　　　　　FAX

＜弁護士記入欄＞　（記入弁護士　　官澤里美　　　　　）

●措置区分：相談登録・事件登録　**●本人確認**:既済・免許証・

●新件相談管理表への登録と指名の有無：□未登録かつ指名有り

●記号:A・D・E・F・G・H・I・J・L・ウ・エ・オ・カ・キ・ク・ケ・サ　※共同{主担当=◎.袋作成(1 つ・各別)}

●ルート:HP・弁ド・顧問・再依頼・紹介{顧問,弁会,法テラス,　　　　　　}・その他(　　　　　)

●会計:一般・弁護士保険{LAC,直接}・弁会(=負担金有)・法テラス

●委任契約書(済・作成予定・未定・不要)　**●事件名**:＿＿＿＿＿＿＿＿＿＿＿＿

●事件分類　**民事**[債権回収・賃貸借関係・不動産取引・境界問題・知的財産・交通事故・医療事故・損害賠償・消費者問題・個人多重債務・法人倒産再生・破産管財再生委員・ネット関係・民事その他・相続関係・離婚離縁・男女関係・成年後見・外国人関係・家事その他]　**刑事**[私選刑事・国選刑事・少年事件・刑事告訴・刑事その他]　**行政**[土地改良・行政その他]

その他[農協内部問題・会社内部問題・労務問題・事業承継 M&A・企業法務・各種契約書]　**裁判外**[調停委員・仲裁人等]

Ver.2023.06

ちょっと一言

徳のない人からの事件の依頼は…

経営者向けのセミナーで、「どんなに仕事がほしいときでも徳のない人からの仕事は引き受けてはいけない。そのような人の仕事を引き受けていると会社の徳も失われていく」との話を聞いたことがありました。

では、法律事務所ではどんな人の事件を引き受けてはいけないのだろう？と考えてみました。

勝ち目のない事件？　多額の借金、賃料滞納等で裁判では勝ち目がなくとも、その人の生活秩序の回復、ソフトランディングのために負け筋の和解を目指すことは不当なことではありません。法律や制度の改正のために勝ち目はなくとも戦う必要がある場合もあります。

相手方がかわいそうな事件？　正当な権利行使の結果、相手方がかわいそうなことになることもありますが、だからといってその権利行使が違法・不当となるものではありません。権利者側にまともな弁護士がついた方が、相手方の立場にも配慮した権利行使を行うことになり、相手方のためにもなることが少なくありません。

反社会的勢力に該当するような人からの依頼の事件？ 積極的に引き受けようとは思いませんが、弁護士には違法な行為や明らかに不当な行為を抑止する義務がありますので、受任した方がそのような行為を抑止できて関係者が助かることもあります。

いろいろと考えた結果、相手方を困らせること、苦しめることを考えている人が徳のない人であり、そのようなことを目的とした事件は、いくら着手金をはずまれたとしても、引き受けると後味が悪いですし、事務所や弁護士の評判を確実に落とすので、引き受けてはいけないとの結論に至りました。

抵抗なく受け入れられると思います。

なお、運転免許証等の写真付きの身分証明書のコピーがあると、顔が思い浮かばなくなっている依頼者との裁判所等での待ち合わせの際にも役立ちますよ。

3　委任契約書の作成の習慣化

契約は、原則として書面化しなくとも有効に成立しますが、後のトラブル防止のためにも、きちんとした契約書を作成しましょう。これは、私もセミナーなどで注意を促していますし、弁護士であればよく耳にすることだと思います。

以前は、委任契約書の作成義務が無く、委任契約書を作成しない弁護士も多かったようです。そのため、委任の範囲や報酬をめぐって依頼者とトラブルになることもあり、弁護士職務基本規程第30条は、2項に記載の例外的なときを除き、「弁護士は、事件を受任するに当たり、弁護士報酬に関する事項を含む委任契約書を作成しなければならない。ただし、委任契約書を作成することに困難な事由があるときは、その事由が止んだ後、これを作成する。」と、委任契約書の作成を義務化しました。

弁護士の報酬に関する規程の第５条に委任契約書の必要的記載事項が定められていますが、日弁連が作成の委任契約書のサンプルを利用すれば漏れはありません。それに加えて、受任範囲の欄でチェックする手続名や弁護士報酬などについて、事務所の特色に応じた加除変更等を行うのがよいと思います。

サンプル10は、当事務所の一般民事の委任契約書ですが、預り金等の送金のために依頼者名義の返金口座を第７条に記載してもらっています。後で依頼者が行方不明になったり、結果等への不満から口座を教えてもらえなかったりすると、送金に困ることになってしまうから

■サンプル10　委任契約書（民事）

□甲(依頼者)様控
□乙(受任弁護士)控

委任契約書(民事)

契約年月日:　　年　　月　　日

依頼者を甲、受任弁護士を乙として、次のとおり委任契約を締結する。

甲(依頼者)　住　所 ＿＿＿＿＿＿＿＿＿＿＿＿＿＿＿＿

氏　名 ＿＿＿＿＿＿＿＿＿＿＿＿＿＿＿＿ ㊞

乙(受任弁護士) 仙台市青葉区二日町1番23号10F　　弁護士　　　印

第1条(事件等の表示と受任の範囲)

甲は乙に対し下記事件又は法律事務(以下「本件事件等」という)の処理を委任し、乙はこれを受任した。

事件名: ＿＿＿＿＿＿＿＿＿＿　相手方: ＿＿＿＿＿＿＿＿＿＿

裁判所等の手続機関名 ＿＿＿＿＿＿＿＿＿＿

[受任範囲]

□交渉　□書類作成　□保全処分　□即決和解　□調停　□審判
□訴訟(一審、控訴審、上告審、支払督促、少額訴訟、手形・小切手)
□強制執行　□倒産(破産、民事再生、任意整理、会社更生、特別清算)
□遺言作成　□遺言執行　□その他　　　　　　　　　　　)

第2条(弁護士報酬)

甲及び乙は、本件事件等に関する弁護士報酬につき、乙の弁護士報酬基準に定めるもののうち☑を付したものを選択すること及びその金額(消費税10%込・税率が変わった場合はその税率による)又は算定方法を合意した。なお、甲が源泉徴収義務者の場合は、源泉徴収を行う。

□着手金・手数料
①着手金・手数料の金額を金　　　　　円とする。
②支払時期は、本件事件等の委任時より2週間以内に一括払いするものとする。

□報酬
①報酬の金額を次のとおりとする。
□金　　　　　円とする。(　　　の実現による)
□甲の得られた利益により次の割合の金額とする。
ｱ. 3000万円までの部分は11％、同金額を超え1億円までの部分は7.7％、1億円を越える部分は5.5％。なお、請求された金額を減額した場合も同様とする。
ｲ. その他… ＿＿＿＿＿＿＿＿＿＿
②支払時期は、本件事件等により甲が利益を得た都度及び処理の終了したときとする。

□出張旅費日当　　　　出張予定場所…
出張旅費日当の金額は上記場所への出張1回につき金　　　円／人とする。
(但し、職員の場合は、1回当り5,500円を控除する。)

□その他

＿＿＿＿＿＿＿＿＿＿＿＿＿＿＿＿＿＿＿＿

第３条(預り金)

1．甲及び乙は、本件事件等に関する預り金につき、次のとおり合意する。

□ 諸費用

① 甲は書類取得費用、印紙等の実費の概算として金　　　　　　　　円を乙に預ける。

② 乙は本件事件等の処理が終了したときに清算する。但し、予納した費用の残りが1,000円未満の場合は通信雑費に充当する。

□ その他の預り金

甲は　　　　　　　　　　　　　　　の目的で金　　　　　　　　円を乙に預ける。

2．乙は、甲のための預り金と弁護士報酬及び費用とを相殺することができる。

第４条(弁護士報酬等の支払遅滞の場合の処理)

1．　乙は、甲が弁護士報酬又は費用の全部又は一部を支払わないときは、本件事件の処理に着手せず、又はその処理を中止することができる。また、本件事件に関して保管中の書類その他のものを甲に引き渡さないことができる。

2．　前項の場合には、乙は甲にその旨を通知しなければならない。通知先が不明となった場合は、本契約書に甲が記載した住所地に普通郵便で通知を郵送すれば足りるものとする。

第５条(解任・辞任)

1．　甲は、乙をいつでも解任することができる。

2．　乙は、甲が弁護士報酬又は費用等の支払を遅滞したとき、甲と連絡をとることが困難となり本件事件の遂行に支障が生じたとき、甲と事件の処理方針に食い違いが生じたとき、その他甲乙間の信頼関係を維持することが困難となったときは、本件事件を辞任することができる。

3．　前条2項の規定は、前項の場合について準用する。

第６条(中途終了の場合の弁護士報酬の処理)

本委任契約にもとづく事件等の処理が、解任、辞任または継続不能により中途で終了したときは、乙の処理の程度に応じて弁護士報酬の清算を行う。

第７条(返金口座)

甲は、本件事件の弁護士報酬・預り金の返金や相手方から受領した金員等の乙から甲への送金口座として、甲名義の次の口座を指定する（※口座名義が甲以外の場合は別途確認書を締結する）。

<table>
<tr><td colspan="2">ふりがな(必須)</td><td colspan="7"></td></tr>
<tr><td colspan="2">通帳名義</td><td colspan="7"></td></tr>
<tr><td rowspan="4">金融機関</td><td>金融機関名</td><td colspan="7">
銀行・信用金庫・労働金庫・信用組合・農協・漁協</td></tr>
<tr><td>店名</td><td colspan="7">本店・本所・　　　　　　　　支店・支所・出張所</td></tr>
<tr><td>種類</td><td colspan="7">普通・当座</td></tr>
<tr><td>口座番号</td><td></td><td></td><td></td><td></td><td></td><td></td><td></td></tr>
</table>

第８条(承諾)

甲は、乙が、本件事件の解決内容を当事者が特定されないように抽象化して乙のＷＥＢサイト等に掲載することがあることを承諾する。

第９条(特約)

本委任契約につき、甲及び乙は次のとおりの特約に合意した。

以上

です。また、依頼者が行方不明になった場合の辞任等の通知に困らないように第４条２項、第５条３項のような条項を加えています。

当事務所のウェブサイトでは、閲覧者の参考に資するため、また当事務所のPRのため、解決事例を掲載することがあります。第８条でその承諾を得るようにしています。

委任契約書作成がトラブル防止に有益であることは明らかです。また、作成が義務化されたため、依頼者と何らかのトラブルが生じた場合に委任契約書を作成していなかったとなると、そのこと自体が懲戒事由となってしまいますし、実際に懲戒となっているケースもあります。委任契約書の作成を習慣化していくことが大切です。習慣化すれば何と言うことはありません。

第15　事件継続中の勘所～『まめな連絡、トラブル防止！』

1　丁寧な仕事を習慣・文化に

事件の継続中は、前述のように依頼者にまめに報告することが、『まめな連絡、トラブル防止！』で依頼者の納得やクレーム防止のために大切です。

必要に応じて依頼者に来所してもらい、詳しい進行状況の報告や和解についての協議、書面作成や尋問のための打合せ等を行いますが、依頼者は、時間を割いて来所してくださるわけですから、その時間を無駄にしないように、事前に十分な準備をして充実した良い打合せを行い、依頼者に満足してもらえるようにすることが大切です。

以前、遺産や特別受益も多い上に非常に複雑な遺産分割事件を調停の途中から受任したことがあります。Excel で整理しながら打ち合せて書類を作成し、裁判所に提出して調停に臨む、ということを数回行ったときのことです。複雑だったこともあり気分が乗らず、書類作成が直前になってしまうことが続いた際、その依頼者から「書類作成がやっつけですよね…」と苦言を呈されたことがありました。うーん、見抜かれていた…。

良い仕事をして依頼者の納得と信頼を得るためには、事前の十分な準備が大切なのです。

事前の十分な準備を怠り、手を抜いた仕事や雑な仕事を行ってはいけません。

そういった姿勢は依頼者に見抜かれますし、事務所の他の弁護士や職員にも伝染してしまいます。

ある航空会社は、基本を大事にし、「小さいことほど丁寧に、当たり前のことほど真剣に」取り組むことを企業の習慣にしていき、大事故を起こさないできていると聞いたことがあります。

法律事務所では、日々の研鑽と手を抜かない丁寧な仕事を事務所の習慣・文化にすることが大切です。

ちょっと一言

若手弁護士は顧客獲得に不利か？

弁護士の数が増えた昨今、「若手弁護士だと相談者の信頼を得にくく、顧客の獲得に不利だ、事務所経営が大変だ」という声を聞くことがあります。

たしかに、初対面の印象では、年が若いだけで年輩の弁護士より頼りなさそうに見えることもあるかもしれません。

しかし、弁護士を選べるようになった今、相談者は、初対面の印象だけで仕事を依頼することは少なく、相談の際の応対やその後の仕事ぶりを見て選んでいることが多いのです（特に顧問弁護士の依頼はそうです）。

いくら年輩で貫禄があっても、応対が横柄だったり、仕事が雑だったりすれば選ばれません。逆に、若手弁護士でも、応対が丁寧で打合せ、書面等もしっかりしたものであれば、信頼を得られて選ばれるのです。

「相手方弁護士が年上なのだが、こんなに若い弁護士で大丈夫だろうか」と依頼者に不安がられそうな場合は、相手方弁護士につけ込まれる隙を与えないまで磨いた書面で対応しましょう。そうすれば負けるはずがなく、「若いのに優秀な弁護士だ」と依頼者にますます信頼されることになります。

最近は口頭での弁論能力が強調されますが、書面は大切です。

書面の準備があってこそ、優れた口頭での弁論が可能となるのです。

2　よく話を聴いてあげる

弁護士はなかなか打合せや電話に長い時間を割けないことが多いため、依頼者が事件の帰趨に関係ないように思われる話をし出すと、遮りたくなってしまいます。しかし、不快感を与えないように上手に遮ったつもりでも、「もっと話したかったのに…」と、依頼者の心には欲求不満が残ります。

人間は誰でも自分の話を聞いてほしがるもの。事件に関係ない、時間がなくなる、と思っても、依頼者の話をよく聴いてあげることが、依頼者の望む結論にならなかったときに納得してもらうための勘所です。

ちょっと一言

マシンガントークの依頼者

そうはいっても、強く止めないと１時間以上早口で話し続けるような人も、私の30年を超える弁護士生活のなかで数人おりました。

そのうちの１人は離婚事件の依頼者だったのですが、相手方が「あいつのマシンガントークを止めるため、大声で怒鳴らざるを得なかった」と調停の際に発言し、マシンガントークとは上手いなと感心するとともに、その心情に内心でウンウンと頷いたのでした。

そのような依頼者については、最初はある程度の長い時間をとって話をさせるものの、その後は打合せを進めるためにも、マシンガントークを毅然と遮らざるを得ません。

また、法廷で主尋問を行う際は、イエス／ノーの返事か単語を答えるような尋問にしないと、独演会になってしまい、聞きたい言葉を引き出すところまでたどりつけない恐れがあります。

そのような人の尋問の際は、私は、裁判官や相手方弁護士に、「話し出すと止まらない人なのでお気を付けを」とあらかじめ注意することにしています。その注意を聞いてもらえず、依頼者の話が止まらなくなっても私の責任ではありません！

3　気持ちは騙されても、事実は騙されるな

弁護士職務基本規程第37条１項で「弁護士は、事件の処理に当たり、必要な法令の調査を怠ってはならない。」、２項で「弁護士は事件の処理に当たり、必要かつ可能な事実関係の調査を行うように努める。」と定められており、法令と事実の調査を怠らないことが大切です。

初期の事実調査は、依頼者が持参した資料や依頼者からの聞き取りが中心になりますが、依頼者は、自分に不利な事実について積極的には言わないことが多く、場合によっては隠す、嘘をつくことが多いので注意を要します。

以前は、依頼者に不利な事実について、聞かなかったふりをするということが許された時代もあったようですが、最近は、「注意すれば虚偽とわかったはずだ、弁護士に過失がある」と責任追及される例が増えてきています。うっかり依頼者の話を鵜呑みにし、十分な事実の調査を行わないで仮差押えなどを行ってしまった場合、本訴で敗訴ともなると弁護士自体の責任も問われかねません。

依頼者の違法な行為や明らかに不当な行為を抑止し、依頼者のために適切な助言をするためにも、弁護士自身の身を守るためにも、事実関係の調査を適切に行い、依頼者に騙されることなどないようにしましょう。

ただ、私は、依頼者の本音・気持ちについては、無理に探ることなく、騙されてもかまわない、むしろ騙されていた方がよい場合も少な

くないと思っています。

例えば、離婚や遺産分割、刑事事件の示談等、いろいろな感情が複雑に絡み合った事件において、本人がその感情の整理をつけて何とか調停や示談で解決しようとしたにもかかわらず、本当によいのですか？　本音はどうなのですか？ などと探られたのでは台無しです！

気持ちは騙されてもよいのです。でも、事実は騙されてはなりません。

第16 終了時の勘所～『何事も、大切なのは別れ方！』

依頼された事件について、勝訴・敗訴、辞任・解任と原因を問わず委任関係が終了したら、ごく当たり前のことではありますが、弁護士職務基本規程第44条の「委任の終了に当たり事件処理の状況又はその結果に関し必要に応じ法的助言を付して、依頼者に説明しなければならない。」、第45条の「委任の終了に当たり、委任契約に従い、金銭を清算した上、預り金及び預り品を遅滞なく返還しなければならない。」を早めに行いましょう。

終了の結果について説明して金銭の清算と書類の返還を行う、という簡単で当然のことなのですが、継続中の事件の処理を優先してしまい、これらの終了処理は後回しになりがちです。

しかし、後回しにしていると、金銭の清算の遅れで横領と疑われたり、書類の紛失等のトラブルが生じかねません。また、期待した成果を得られなかったような事件だと、弁護士は打つ手がなく終了のつもりが、依頼者は何か対策を考えてくれていると待っており、後に長期間放置されたとのクレームを受ける恐れもあります。

そこで、終了の時期と考えたら、速やかに金銭の清算と書類の返還を終了報告書を送付して行いましょう。さらに、サンプル11のようなアンケート用紙を同封して回答をお願いすると、辛口の言葉は事務所の改善に、感謝の言葉は所員の励みになりますしホームページへの掲載による広告に使えて有益です。

最近は、Google の口コミの影響力も大きいので、アンケート用紙の右下に投稿用の QR コードを付け加えています。

■サンプル11　お客様アンケート

アンケートのお願い

この度は、当事務所をご利用いただきまして、誠にありがとうございます。

日本で一番「ここに相談に来て良かったと思って戴ける法律事務所」になれるよう、皆様の感想を参考にしながら事務所の改善に努めてまいりますので、下記に感想等をご記入の上、事務所にお送りいただければ幸いです。ご協力の程よろしくお願い致します。

官澤綜合法律事務所　所長　弁護士　官　澤　里　美

1、当事務所ご利用（相談・打合せ・事件処理）について感想をお教えください。

□大変満足　□満足　□普通　□不満

コメント→

2、担当弁護士の対応は、いかがでしたでしょうか？

（担当弁護士名…官澤・橋本・小向・翠川・長尾・渡邊・浅倉・武田・渡部）

①感じの良い応対　□大変満足　□満足　□普通　□不満

②対応のスピード　□大変満足　□満足　□普通　□不満

③分かりやすい説明　□大変満足　□満足　□普通　□不満

コメント→

3、事務スタッフの対応は、いかがでしたでしょうか？

（事務スタッフ名…　　　　　　　　　　　　　　　）

①感じの良い応対　□大変満足　□満足　□普通　□不満

②対応のスピード　□大変満足　□満足　□普通　□不満

③分かりやすい説明　□大変満足　□満足　□普通　□不満

コメント→

4、担当した弁護士・スタッフ・事務所へのメッセージをお願いします。良かった点・悪かった点、ささいなことでも結構です。なお、枠内のメッセージのホームページへの掲載の可否について、右に○を付してお教えください。　→　掲載は、　可　・　不可

ご協力くださいまして、誠にありがとうございました。

匿名でも結構ですが、よろしければ日付とお名前をご記入ください。

年　　月　　日

お名前　　　　　　　　　　　　・匿名希望

5、お手数ですがGoogleの口コミ投稿へもご協力いただけますと幸いです。右のQRコードをスマートフォン等で読み込むと、☆の評価と感想を入力するページが表示されます。よろしければご投稿ください。

なお、当事務所では、証拠の原本や判決等の依頼者への返還漏れを防ぐため、透明のポリエチレン製の袋を原本袋とし（写真参照)、依頼者に返還すべき書類を預り証の写しとともに保管して法律事務所でよく使用しているパンタレイの事件袋に入れています。

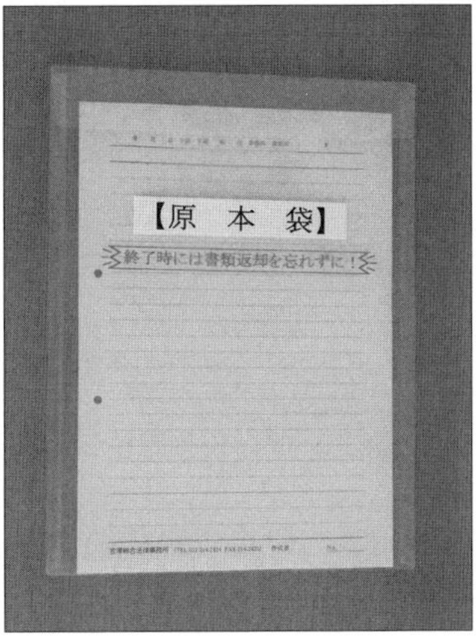

依頼者との別れ方をしくじるとトラブルが長引き苦労するのは、男女関係と一緒なのです。契約書のチェックポイントも、アクシデントが生じたときにトラブルとならずに別れられるような条項になっているかなのです。『何事も、大切なのは別れ方！』です。

第17 仕事・経営のために大切なこと

1　空気を読み、空気を温かくする

良い仕事をするためには、相手方との交渉を含め、その場の空気を温かくすることが効果的です。空気を温かくすれば周囲も和み、自分の主張が受け入れてもらいやすくなります。

逆に、その言動で空気を冷たくする人は、正しいことを主張したとしても、空気が冷たくなって周囲も凍てつき、その主張を受け入れてもらいにくくなります。

空気を読んで、自分を殺して空気に合わせるのではなく、自分を活かすために空気を温かくする言動をとることが大切なのです。そのような言動をとれる人は、良い仕事・結果を出せていると思います。

空気・気持ちは、伝染します。だから、マイナスではなく、プラスを伝染させるようにすることが大切です。仮にマイナスの気持ちだったとしても、意識的にプラスの言動をとれば、気持ちもプラスになってきます。笑顔を作れば、自分の心も、相手の心も、その影響を受けて自分に返ってきます。そこで、当事務所では、朝礼の中で笑顔作りも取り入れています。

2　笑顔が嫌いな人はいない…素敵な笑顔が七難防ぐ

仏教の大切な布施行の一つに「和顔愛語」があります。「和顔愛語」とは、和やかな笑顔と優しい言葉だけで相手を幸せにすることができるということです。

笑顔が嫌いな人はいない、笑顔だけで相手を幸せにできる、笑顔の挨拶が相手との良好なコミュニケーションの出発点になるのです。だから、当事務所の弁護士・職員の名刺の裏には、「いつも笑顔を心がけます。」と印刷しています。

あるテレビCMで、「スマイル　イズ　プライスレス」というフレーズがありました。私は、笑顔は無償だけれど値段が付けられない価値があるという意味に解釈し、気に入っています。

失敗を笑って誤魔化すのは駄目ですが、笑顔はコミュニケーションをよくしてトラブルを防ぐのに効果的です。色の白さが七難隠すではなく、素敵な笑顔が七難防ぐなのです。

しかも、笑顔は無償なのですから、恥ずかしがらずに、格好つけないで、笑顔を心がけてみてください。

3　キャッチボールを心がけてコミュニケーション能力アップ

現在、コミュニケーション能力の大切さが強調されていますが、どんな仕事でも人と関わりながら仕事をするわけであり、良い仕事をするためにはコミュニケーション能力が欠かせません。

弁護士の仕事は、こじれた紛争を解決するために職務内容に相応しい表情や態度を作り出す感情管理が求められる感情労働であり、高いコミュニケーション能力が求められます。良い仕事をするためには、依頼者との関係、相手方との関係、裁判所との関係、そして事務所の人たちとの関係でコミュニケーションをよくすることが大切になってきます。

コミュニケーション能力を高めるためには、相手を打ちのめすドッジボールではなく、キャッチボールを心がけるとよいです。すなわち、まず、相手のボール・言葉を受け止めないと始まらない。次に、相手が受け止められるボール・言葉を投げ返さないと続かない。それを繰り返せれば双方楽しくなってくる、良い関係を築けて良い結果を得ることができると思うのです。

4　気配りの極意…自分がされて嫌なことはせず、されて嬉しいことをする

仕事、経営、交渉、家庭など、すべては気配りに尽きると思います。コミュニケーションをよくするにも、相手を理解する、相手に理解してもらう、相手に喜んでもらう、そのために気配りをすることが大切です。

ポジション・チェンジして相手の立場に立ってみる、相手の気持ちを想像してみる。すると、どうしたらよいのかが見えてきます。自分がされて嫌なことはしない。自分がされたら嬉しいことをしてあげるのが大切です。相手の立場に立つと、解決のための名案も浮かんでくることもあります。

気配りは人間観察の賜物なのです。相手の動向・気持ち・本心を汲み取れてこそ、気配りもできるのです。

元日本代表のサッカー選手だった中村憲剛さんは、パスを出す際、受け手である相手がプレーしやすいように、そしてとにかく丁寧に、を心がけていると言っていました。

また、ある一流ネイリストは、スキルを磨くのは当たり前、プロは気遣いと聞き上手であることが必要だと言っていました。やはり、気遣い、すなわち気配りが大切なんですね。

どんな仕事も一緒ですね。

5　聴きすぎての失敗はない！…よく観る、よく聴くことの大切さ

話しすぎて失敗したとの話はよく耳にしますが、聴きすぎて失敗したとの話は耳にすることはありません。聴きすぎて時間を取られることはあっても、失敗することはないのです。聴く時間を十分に取らずにあとで再度時間を取ったり、トラブルになって解決に時間を取られたりするより、聴きすぎるくらいの方がトータルの時間は節約できる

ことも多いのです。

相手とのコミュニケーション、相手への気配り、相手との交渉、すべて相手をよく観て、よく聴いて、相手をよく知ることから始めましょう。

こちらに有利な交渉材料がない場合でも、じっと相手の話を聴いていると、人は誰でも話好きですから調子に乗っていろいろと話してくれ、こちらに有利な反論のネタを拾えることもあるのです。

効果的な反対尋問も、相手をよく観て、よく聴いて、よく知ってこそ可能となるのです。

ちょっと一言

誰でもできる！　勉強の成績アップ法

よく聴けば相手の言いたいことがわかってくるのは、学校での勉強も同じです。

勉強は、本来、知らなかったことがわかってくる楽しいもの。子どもに、その楽しさをわからせたうえで、とにかく授業中は先生の顔を見て先生の話を一生懸命に聴くことを習慣にさせること。そんな生徒は、先生から可愛がられるし、授業の内容も頭に入ってくる！　それだけで成績アップは間違いなしです！　お金も時間もかからないのでお試しあれ。

仕事の成績アップも同じかもしれませんね。

仕事のできない人は、聴く態度ができていなくて、その時間も無駄にしている…。

つい最近の何かの記事で、大リーグで活躍中の大谷翔平選手が高校生の頃に講師をしたことがある人が、大谷翔平選手の聴く態度が周りから飛び抜けて良かったと書いていました。やはり、良い仕事をする人の聴く態度は違うんだと思いました！

6　上の立場になった場合の覚悟…機嫌の良いふりをして良い空気を創る

多少でも上の立場になった場合、自分の下の立場の人（部下、後輩、子供など）は、自分が言ったようにはならず、自分が行ったようになりますので、自分の振る舞いを律することが必要です。

また、空気や気持ちは伝染しますので、機嫌の良いふりをしてでも率先して良い空気を創ることも大切です。

人をまとめる立場になるには、どんなときも明るく解決できる器が必要と言われています。良い会社の経営者は、「ネアカ、伸び伸び、へこたれず！」「明るく、楽しく、元気よく！」などをモットーにしています。

上の立場に立てば立つほど、繰り返しになりますが笑顔が大切になります。

もっとも大切なのは、働いている人、相談に来た人を、人間として尊重することだと思っています。

7　人の育て方…極意はやはり山本五十六

子供、部下、スポーツ選手等々、人を育てるのは難しいもの。

人の育て方は、連合艦隊司令長官だった山本五十六の「やってみせ、言って聞かせて、させてみせ、褒めてやらねば、人は動かじ」に尽きると思っています。

自分は怒って部下や選手を育てたと自慢する人もいますが、怒るのは、弱い者いじめであり、百害あって一利なしだと思っています。

怒られれば、お客様は傷つき離れ、職員は萎縮しミスを犯す。怒って育てたのではなく、本来伸びた芽を潰して耐えられた優秀な人が残っただけなのです。

もちろん、間違いの注意・指導は必要ですが、注意・指導は怒りを処理・演出のうえ、人格ではなく、行為について理由を付して行うべきなのです。

理由を言って聞かせると、理解が進むし、応用も利くことになります。

人は誰でも褒められ好きですので、注意するときも、良い点を褒めてあげたうえ、改善すべき点を注意し、最後にそうするともっと良くなるよと褒めてあげる。そうすると、注意・指導が受け入れやすく、改善も進むそうです。

育て方のうまい人、良い先生は、勉強・仕事・スポーツの喜びやコツをうまく教えます。さらに偉大な先生は、それを手取り足取り教えるのではなく、心に火をつけて短い時間で大きな影響を与えます。吉田松陰が塾生を教えたのは２年足らず、クラーク博士が札幌にいたのは８ヶ月のみなのです。

心に火をつけるには、自分が熱い心でなければならないのでしょう。そんな講義・セミナーが私の密かな目標です。

第18 共同事務所のメリットとその最大化～1+1を3にするために

1　共同事務所の勘所

法律事務所は、以前は弁護士一人の事務所が多かったのですが、弁護士人口の増加もあって弁護士複数の共同事務所が多くなりました。

一人事務所は、自由で気楽とのメリットがあるものの、病気などの際の対応が自分もお客様も不安、急な相談への迅速な対応が困難などのデメリットもあるものです。

これが、共同事務所となると、病気などの際は代わってもらえる、急な相談や大型事件にも対応可能となる、弁護士ごとに専門化を図ることも可能となるといったメリットがあるのです。当事務所で徐々に弁護士を増やしてきていたのは、相談に対してその日のうちに助言できる体制を構築したいとの思いが一番でした。

おかげさまで、現在では新規相談の担当弁護士を毎日決め、平日は一般の方々も含め当日中、休日も顧問先の方々には当日中の助言が可能な体制となりました。

しかし、共同事務所も単に弁護士を増やしていくだけですと、メリットを享受できずに１＋１が２ではなく1.5に止まる、種々のトラブルが生じるなどのデメリットが目立つ恐れがあります。デメリットを抑え、１＋１が３になるようなメリットを享受するためには、多少不自由と感じても、ルールの統一とスケジュールとデータの共有、そして事務所内コミュニケーションの確保が大切だと思っています。

当事務所のスタッフは、令和５年８月現在、弁護士９名・司法書士１名・職員12名（総務課…正職員３名・パート２名、業務課…正職員４名・パート３名）なのですが、どのような取組みを行っているか以下で説明していきます。

2　毎日の流れと各種会議

当事務所の毎日の流れは次のとおりです。

8：45　出勤

9：00　朝礼

11：50　昼休み～12：50

17：00　終礼

17：15　退勤

朝礼・終礼を行っている法律事務所は珍しいと思いますが、その内容はサンプル12のマニュアルのとおりで、毎日欠かさず行っています。

朝礼では、スケジュール確認を中心に、発声練習・笑顔を作っての挨拶練習も行っています。スケジュール確認では、裁判などで外出の際の折り返しの電話の可能時間も確認し、電話応対のCS向上に努めています。

終礼では、注意事項や職員の残業についての報告とともに、CS向上のためにお客様の声、5分以上お待たせした件数と時間の報告を行わせています。職員の残業については、行う場合は終礼できちんと報告させるようにしたところ、残業時間自体がかなり減りました。

また、朝礼・終礼を行うことにより、仕事の始まりと終わりがはっきりしてメリハリがつきます。

昼休み11：50からなのは、飲食店やコンビニが混み合う前に昼食をゲットできるようにするためです。正職員・パート職員は全員、帰宅前にメールで所長・副所長に日報を提出しています。

さらに、事務所全員のパソコンで組んだ事務所内メーリングリストやTeamsを利用し、各種の連絡や指示、スケジュールの変更や各種情報が流されています。

なお、新型コロナ禍で感染防止のため、朝礼等は会議室に集まって行うのではなく、Teamsを利用してオンラインで行うようになりま

■サンプル12　朝礼終礼進行マニュアル

朝礼終礼進行マニュアル

[朝　礼]

9:00開始

「ただいまから朝礼を始めます。

「朝の挨拶。

みなさん　『(全員で)おはようございます！

「職場の教養朗読。本日の担当　Ａさん。

Ａ…朗読　　感想を話す（３０秒位）

今日の心がけ　『(全員で)

「本日の予定・連絡事項をお願いします。

「官澤先生

「橋本先生　･･･弁護士・職員全員

「挨拶練習を行います。

まず発声練習を行います。口を大きく開けて、

「アイウエオ　「イウエオア　「ウエオアイ　「エオアイウ　「オアイウエ

「パラピリプルペレポロ

では口角を上げ笑顔を作ってください。

「いらっしゃいませ。

「少々お待ちください。

「お待たせいたしました。

「よろしくお願いします。

「かしこまりました。

「ありがとうございました。

「これで朝礼を終わります。

今日も一日『(全員で)よろしくお願いします。

［終　礼］

17:00開始

「ただいまから終礼を始めます。

「総務課からの報告をお願いします。

本日の残業予定者

本日の新件立件数　→　件

本日の来所件数（相談室利用の件数）→　件

５分以上お待たせ件数　→　件　合計　分

お客様の声（喜ばれたこと、不満を持たれたこと、その他）

「業務課からの報告をお願いします。　•

本日の残業予定者

本日の新件相談数（新件簿から）　→　件

お客様の声（喜ばれたこと、不満を持たれたこと、その他）

「先生方からの報告事項をお願いします。

注意すべき事件や関係者

翌日休みや朝礼不在

その他報告事項　　がれば報告してもらう。

「事務局からの報告事項をお願いします。

注意すべき事件や関係者

翌日休みやその他報告事項　　があれば報告してもらう。

「これで終礼を終わります。

今日も一日『(全員で) ありがとうございました。

した。また、時差出勤を取り入れたために終礼の時間設定が難しくなり、現在終礼は中止状態となっています。

なお、当事務所の定例の会議は次のとおりです。

事務所会議（原則第２木曜日８：45～９：30）

弁護士会議（原則第３木曜日17：15～18：00）

総務課会議（原則第１水曜日昼）

業務課会議（原則第４木曜日朝）

パート会議（原則奇数月第３水曜日昼）

弁護士個別ミーティング（毎月１回最終週に各弁護士について約30分ずつ）

会議では課題などの報告・検討やルールの策定・変更・確認などを行っています。

事務所会議では、「自由と正義」の前月号で公告された懲戒事例の報告・注意も行っています。

弁護士個別ミーティングは、平成26年１月から始めたのですが、毎月１回30分の時間を設け、所長である私が同席し、各弁護士が、総務課と事件の経理処理などの総務的な懸念事項についてミーティング、業務課と担当事件の進行や懸念事項についてミーティング、私と全体的な課題や懸念事項についてミーティングを行っています。

各種会議は、理想どおり行うのはなかなか難しいのですが、とにかく継続することが大切です。継続しながら内容の充実を図っていけばよいのです。

なお、人数が多い会議となる事務所会議と弁護士会議は、新型コロナ感染予防のため現在はTeamsを利用してオンラインで行っています。

3　スケジュールの共有と管理

当事務所では、弁護士・正職員のスケジュールを、パソコンで共有・管理しています。その日の各人の予定だけでなく部屋割まで一覧できるので重宝しています。なお、その人の1ヶ月のスケジュールの確認もできるので便利です。

新しい相談への対応について、平日の新件担当弁護士・顧問先用の休日担当弁護士を決めており原則即日対応としているので、その担当弁護士もスケジュールに表示しています。

電話や来客について的確に応対してCSを向上させるためには、正確なスケジュールが事務所全体で共有されていることが欠かせません。そこで、当事務所では、随時スケジュールをパソコンに入力し、さらに朝礼・終礼で口頭で報告・周知するようにしています。

4　事務処理のルールの統一・データの共有

法律事務所では職員が事務処理で重要な役割を果たしていますが、共同事務所においてその指示のルールが統一されていなければ、職員は指示内容を把握・処理するため無駄な時間を費消し（ロス）、指示内容の誤解により間違いを犯す（ミス）恐れさえあります。

そこで、当事務所では、ロスとミスをなくすため、事務処理の指示は、弁護士席の二段ワゴン・赤青黄のクリアファイル・定型付箋（サンプル13）・定型連絡メモ（サンプル14）を使用し、サンプル15の「CF（クリアファイル）による事務の流れ」に記載のルールで行っています。

また、各事件について作成した文書のデータは、すべて業務管理ソフトへの登録を推進しています。事務所内の誰でもアクセスできるようにすることにより、担当弁護士が留守の際も加除訂正などに迅速に対応できるようになりますし、他の事件を処理する際に容易に参照できるようになるからです。

■サンプル13　定型付箋

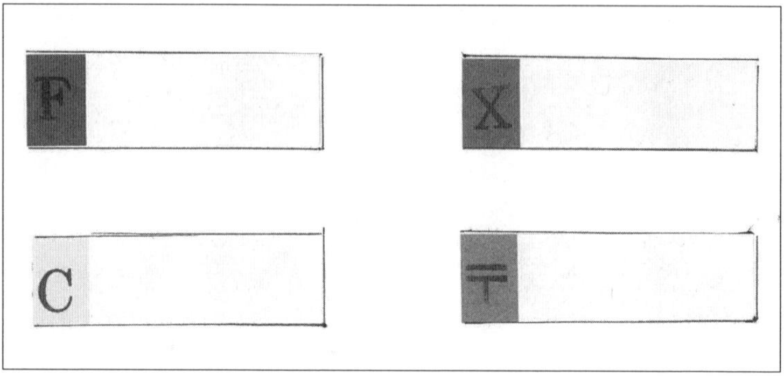

なお、つい最近、出版社から、ノベルティグッズとして次のような事務処理についての各種のお願いに便利な10種類の付箋をいただき、よくできているなと感心しました。

事務処理の合理化の参考になりますので掲載します。

■番外サンプル　第一法規の便利な付箋10種類

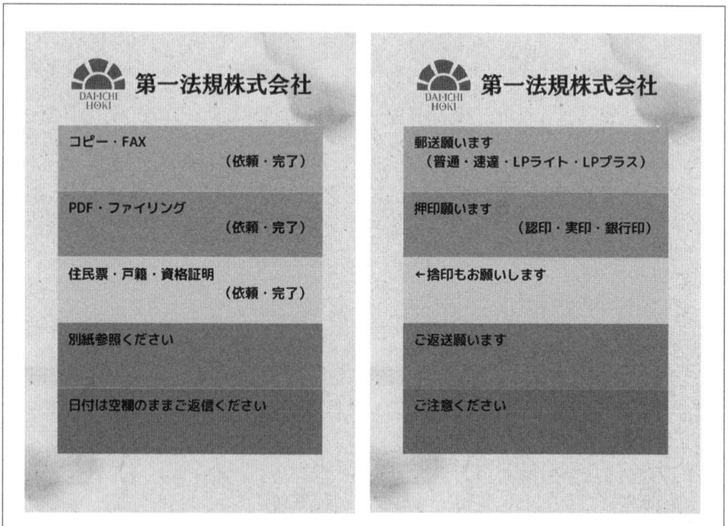

■サンプル14　定型連絡メモ

連　絡　メ　モ

＃

総務・業務・外回り
先生　　　　　様　　　年　　月　　日　　時　　分

連絡者

◆依頼・報告

の件

◆依頼事項（作業の対象や注意点等は、下記・別紙のとおり。間に合わないとき、不明点は至急連絡を。）

□職務上請求

○戸籍類…戸籍・附票・住民票・除籍・原戸籍・　　　　　　様の抄本・謄本

☆利用目的　裁判関係は事件の種類、手続及び戸籍類の利用目的を、裁判以外は業務内容と～の相続人調査や～の所在調査等の利用目的を下記に記載して下さい。

○不動産…評価証明書（使用目的に○を）・公課証明書（使用目的は競売申立のみ）

☆使用目的　次の申立のため…訴え・仮差押・仮処分・民事調停・借地非訟

□登記事項　　情報の取得でOK（法人.不動産）・　証明書を申請し取得

○法人　…現在・代表者・閉鎖・履歴・

○不動産…全部・所有者・閉鎖・地図・建物図面・　　　　　共担は全部・現在・不要

○その他…後見登記事項・後見登記されてない証明・

□申請…送達申請・送達証明・省略謄本・調停終了証明・執行文・確定証明・

□調査…　　　　　　　の相続人・不動産簡易査定（　　社程度）・

□PDF化・護登録・SB入力・記録謄写・

□決裁をお願いします　→　□承認　　㊞・□修正…修正内容は別紙・下記のとおり

□裁判書類のコピー・提出　（確認者　　　　）（コピー担当　　　　）

裁判所 - 正　（　／　　提出者　　　　）→持参・郵送・FAX　　控　→

依頼者 - 写　（　／　　提出者　　　　）→持参・郵送・FAX

相手方 - 副　（　／　　提出者　　　　）→持参・郵送・FAX・レターケース

提出書類…訴状＋一式・申立書＋一式・委任状・答弁書・準備書面・証拠説明書・

甲／乙／丙　　～　　号証・

※期限…通常・本日中・　　月　　日　　時まで（厳守・目安）

■サンプル15　CF（クリアファイル）による事務の流れ

ＣＦ（ｸﾘｱﾌｧｲﾙ）による事務の流れ　2013.5/17 要約版

☆時間節約・ミス防止のため、事務処理依頼は書面や付箋を原則とし、打合せや起案等の時間を確保する！

＊事務局から弁護士へ　→　ワゴン上段　or　机の上　へ

赤ＣＦ　…弁護士処理事項　　１件ごとに！　必要に応じて記録添付。

＊弁護士から事務局へ　→　ワゴン下段へ　（個別説明の必要なものは担当職員に直接）

ワゴンからの定時回収…パートが３０分に１回

事件袋→記録庫へ。　なお、終了事件（F マーク付き）は終了記録庫へ。

青ＣＦ　…パート単純作業：定型指示付箋で指示→作業後付箋に作業者ｻｲﾝで残す

特別な指示がある際は、連絡メモで指示

F←FILE 綴じる…　「→」で綴じる先を指示

※穴を開けずそのまま事件袋に入れる場合

⇒　このままと付記　　　　「F→08-100 このまま」

C←COPY コピー…　部数と戻し先を「部数→」で指示

・弁護士に：弁護士の略称で指示　「Ｃ２→か」（２部コピーして官澤へ）

X←FAX ﾌｧｯｸｽ…　文書から FAX 番号不明の際は X の後に番号記載

「→」で戻し先・綴じる先を指示

・FAX 後に事件記録に綴じる：F 整理番号で指示　「X→F13-122」

〒←郵送…　文書から郵送先が不明の際は付箋等に記載

コピー不要でそのまま送るものには、赤付箋に「~~C~~」で指示

「→」で戻し先・綴じる先を指示

・ｺﾋﾟｰ等は事件記録に綴じる：F 整理番号で指示　「〒→F13-122」

黄ＣＦ　…正職員処理事項：連絡メモ等で指示

☆指示内容・締切は明確に記載　→　不明・困難な点は上司・弁護士に相談

処理後は連絡メモに記載&作業者ｻｲﾝ→弁護士のﾗｯｸ上段→記録にファイル指示

※直送について

直送先は「⇒」で指示　裁判所は「G」、弁護士は「B」、レターケースは「レ」

＊注意ポイント

1　事件整理番号の記入を忘れずに
2　弁護士⇒青ＣＦ・黄ＣＦに分類の徹底　∵作業効率&弁護士が見たか不明
3　使用する記録は使用する職員・弁護士が記録庫から持ってくる
4　朝のファイリング作業で記録の無いものは速やかに弁護士に戻す
5　指示内容が不明の場合は上司・弁護士に速やかに相談
6　仕事の繁忙・中断に配慮→３０分ごと回収・業務ﾐｰﾃｨﾝｸﾞの活用

5　弁護士報酬の統一

当事務所の報酬基準は、ウェブサイトで公開していますが、注意しているのは同じ事件で弁護士によってバラツキが出てお客様から不満を持たれないようにすることです。先輩弁護士が高くて後輩弁護士が低かったのならまだしも、その逆だったりするとそれを知ったお客様が不満を持つ恐れがありますので。

そのため、報酬は得られた利益の10％＋消費税を原則としつつ、着手金は段階的な定額化を図っています。

誰もが納得できる報酬基準の作成は容易ではないのですが、「お金は、支払う方は高く、もらう方は低く感じやすいもの。」との長老弁護士から以前聞いた言葉を忘れないようにしながら、随時検討・改正を行ってきています。

第19　業務の効率化と時間の創り方〜限られた時間を有効に使うために

1　予定一覧表作成による不安の除去

仕事、公務、家庭などでたくさんのやらなければならないことを抱えると、何から手をつけたらよいか混乱したり不安や嫌気が募ることもあります。また、忘却して苦情を受けたり迷惑をかけることも生じかねません。

そのようなことを回避するための方法としては、すべての仕事を期限の早い順に並べた予定一覧表に整理しておくことをおすすめします。

すると、仕事の全体像が把握できることになり、他に仕事を忘れていないかと不安を感じなくなり、あとはその順に処理していけばよいことになります。そして、処理する予定の日までは忘れてしまうのです。精神衛生上とてもよいですよ。

私は、Excelでサンプル16のような予定表を作成しています。

１事件１行とし、裁判の列には裁判などの日を、会議の列には打合せや会議の日を、準備の列には自分が検討や起案を行う予定の日を記入します。＃の列は事務所の事件管理番号を、その右の列に担当職員や弁護士の頭文字を、その右の列に電話は０・起案は＊などの数字や記号を記入し、処理内容の列には当事者名と事件内容・課題などを記

■サンプル16　予定表

予　定　表　12/11

キー	裁判	会議	準備	#			処理内容
12/12	12/24	12/19	12/12	140012		1	宮城>青葉；工事代金請求・和解案検討
12/15	12/15			130222		7	㈱Ｘ>㈲Ｙ：売掛金請求・判決待ち
12/15			12/15	130543		0	鈴木>佐藤；貸金・入金確認
12/20	1/15		12/20	120825	賢	＊	仙台四郎>泉；損害賠償請求・最終準備書面起案
12/24			12/24	140567		3	斉藤<佐々木；立退請求・回答書依頼者確認待ち
12/26			12/26	140452	菅	7	ＪＡ>田中；不動産競売・開始決定待ち
1/6	1/13		1/6	140503		5	高橋Ａ子<Ｂ男；離婚・慰謝料金額回答待ち

入します。

左端のキーの列には裁判・会議・準備の列の日で一番早い日を表示する関数を入れ、その列を基準にデータの並べ替えを行うと、処理しなければならない順番に事件が並んだサンプル16のような予定表となるのです。なお、印刷する際は、キーの列は省略しています。

1行目の事件は、宮城から青葉への工事代金請求事件で、12月24日に和解期日があり、その打合せを12月19日に行うため、12月12日に和解案を検討予定ということです。

4行目の事件は、賢先生と一緒に行っている仙台四郎から泉への損害賠償請求事件で、1月15日に弁論期日があり、12月20日に最終準備書面を起案予定ということです。

皆さんなりの予定表を作成する参考にしてみてください。

2　無駄な時間を減らし時間を創出

時間が足りなくて困っている方々は多いと思います。そのような方々は、(i)探しもので年6週間、(ii)仕事中断で復旧に25分、(iii)後回しで処理時間60倍と言われている無駄な時間を減らす対策を実行すれば、時間を創出できることになります。

(i)は、書類や物が見当たらず探すのに、個人差はあるでしょうが、平均で年6週間も費消しているということです。

(ii)は、ある仕事を作業中に中断させられると、中断前の作業の状態・ペースに復旧するのに25分かかるということです。

(iii)は、今処理できることを後回しにすると、その処理時間は今処理する時間の60倍かかるということです。

これらの無駄な時間を減らす対策を以下に3つ紹介します。

⑴ 整理整頓

まず、(i)への対策は整理整頓に尽きます。整理は、不要な物を処分すること、整頓は、必要な物がいつでも取り出せる状態にしておくことで、置き場所を決めて使用後は必ず戻すことです。

整理整頓は、疎かになっていると、探すのに無駄な時間を費消しますし、大切な書類を紛失してしまう恐れもあり、徹底することが大切です。

物の整頓は、物自身から相応しい置き場所を聴き取り、そこに置いて必ずその場所に戻すことです。

書類の整頓は、穴を開けてはいけない書類以外は、すべて二穴パンチで穴を開けてファイルしてしまうことです。穴の位置は裁判所の記録と同じに統一すると、見栄えがよく、端の方が傷むのも防げます。

整理整頓は、当事務所でも事務所開設以来ずっと目標としています。言うは易し行うは難しですが…。

⑵ 仕組み作り

(ii)(iii)への対策は、作業系の仕事（事務処理など）は、ルールやマニュアルを作ってルーチンワーク化し、短時間でこなせる仕組みを作る。そして、思考系の仕事（起案など）や意思疎通の時間を確保することです。事務所内の事務処理依頼も、他人行儀のようですが、口頭ではなく書面や付箋、パソコンで行うと、自分の都合のよい時間に相手の仕事を中断せずに行え、双方の時間節約・ミス防止に有益です。以上で時間を節約したうえで、口頭での打合せが必要なものの時間を確保するのです。マニュアル作りなどには時間を要しますが、その時間の投資でその何倍もの時間を獲得できることになります。なお、ルールやマニュアルを作る際は、次の人への気配りを忘れないことが大切です。

ちょっと一言

部分最適ではなく全体最適を！

ルールなどの検討・作成の際は、つい自分の都合を優先しがちになるので注意を要します。つまり、自分の時間や作業の節約、部分最適に目が向きやすいということです。

Ａさんの作業時間が10分節約できるルール改正はＡさんには部分最適ですが、その結果Ｂさんの作業時間が20分増加するのでは全体としてはマイナスです。ルール改正でＡさんの作業時間が５分増加しても、その結果Ｂさんの作業時間が20分節約できるのであれば全体としてはプラスで全体最適となるわけです。

弁護士が30秒ほどの簡単な作業を行うことで、職員の後の10分ほどの作業が節約できるなら、弁護士は、全体最適を考え、多少面倒だなと感じることがあっても、その作業を行うことが大切です。職員の節約できた時間については、他の作業を指示することができます。

⑶　すぐ処理する

ⅲへの対策は、自分に届いた各種の文書（郵送物、FAX、各種案内、伝言メモなど）やメール等に目を通した際は、すぐ処理できるものはすぐ処理してしまう（廃棄、ファイル、回答、報告など）ことです。後回しにすると、もう一度目を通す時間を取らざるを得なくなるとともに、下手をすると忘却・紛失の危険を生じさせてしまいます。検討や作業に時間を要するものは、処理の時間を決めて手帳に記載し、文書は所定の記録にファイルしてしまうことです。そして、その時間までは安心して忘れてしまうのです。

なお、すぐ処理するのは、自分がすぐに処理できることについてであり、他の人にすぐ処理することを命じるのは、全体最適に反しますので余程の事情がない限り厳禁です。

すぐ処理を命じられると、命じられた人は、作業中の仕事を中断せざるを得ないために復旧に25分の時間を無駄にしてしまいます。また、命じられた仕事のチェックも十分にできず、ミスを見落とす恐れもあるのです。

他の人に続く仕事については、時間的余裕をもって渡すことで、渡された人の時間を節約できる、十分なチェックでミスを減らせる、相見積もりも取れて費用も節約できるのです。

ちょっと一言

書類を横に置くと、仕事は寝てしまう！

書類を横に重ねて置いてしまうと、次々と書類が重なっていっていき、下の方の書類の処理を忘れたり、下手をすると書類の紛失の恐れがあります。

書類を横に置くと、上に乗った書類を掛け布団にして寝てしまい、期限徒過で手遅れ・懲戒という危険が生じかねません。書類は、所定の記録にファイルするか、期限順に縦に置くことをおすすめします。

3　主体的行動による時間の調整と節約

自分の仕事・義務でないことも進んで行うことで、相手と自分の時間の節約になり、自分の評価も上がることがあります。

例えば、裁判所の書記官は、尋問調書ができたことを弁護士に連絡する義務はありません。しかし、連絡しないと時々問合せの電話が来て応対に時間を取られることになります。義務ではないが調書ができたら連絡することにすると、自分の空いた時間に連絡し、相手と自分の時間を節約でき、しかも気が利く書記官だと評価が上がることになります。

相手からの電話や連絡を待つのではなく、自分から進んで行うことで時間の調整と節約ができることになるのです。また、自分の気持ちが準備不十分のところに準備十分の相手から電話を受けるより、準備十分にして相手が準備不十分のところに電話をする方が、精神的に優位に話を進められることになります。先延ばしすると、余計に面倒になったり、事態を悪化させたりしてしまいます。憂鬱な電話ほど自分から朝一番で行うことがおすすめです。

仕事は、締切がないと後回しになってしまうことがあるので、自分で締切を作って時間的切迫性を持たせていくことが大切です。

例えば、裁判で次回期日の１週間前までに書面提出となったら、その期日の報告書を依頼者に送る際、打合せ日時も指定して報告し、それに合わせ叩き台の書面の締切も決めるようにする。そうすると、仕事が遅れるのを防ぐことができます。

仕事に追われず、仕事を追うようにする。そして、相手のことを考え、一手間かけることにより良い仕事ができるのです。

ちょっと一言

上手に回答を得る勘所…回答への気配りと早めの期限設定

売掛金の支払時期、アパートからの立退時期などだけでなく、各種会合の出欠など、回答が来ないと困るもの。

各種の回答を求める書面を発送するときの勘所は次の３点です。

①　次の対応の検討の目安にもなるので、必ず期限を設定

②　回答に時間を要するもの以外の期限は早めに設定

③　記入しやすい回答書や返信用封筒の同封など、回答への気配り

ちょっと一言

時間を無理なく創る手法

自分に届いた各種の文書やメール等に目を通す作業は、打合せの合間などのすきま時間に次々と行ってしまいます。すぐ処理できるものはすぐ処理し、時間を要するものについては、その予定日を決めてしまいます。打合せや裁判などは、可能なら集中させます。

検討・起案に時間を要するものにはまとまった時間を確保します。そして、その時間は中断しないで集中して作業するため、必要な場合には事務所にはいるものの外出扱いなどにしてもらいます（集中タイム）。職員の集中タイムも検討の余地はあります。

スケジュールを全部予定で埋めてしまうと、病気や急用で全体のスケジュールが狂ってしまうので、その調整用に予定を入れない空いた時間や空いた日を作っておきます。

なお、時間に遅れないように５分前到着を心がけますが、30分前に到着するような予定を組むと、到着してからの時間を有効活用することも可能となります。

第20 備えあれば憂いなし～各種リスク対策とIT化対応

1　業務妨害（暴漢や迷惑電話）への備え

法律事務所は、暴漢等の迷惑な来所者や脅すような迷惑電話で業務妨害を受けることがあります。

暴漢対策のためのグッズについては、135頁に写真入りで簡単に説明しておきましたが、迷惑電話を含めた当事務所の業務妨害対策をもう少し詳しく説明します。

(1)　センサーと防犯カメラ

エレベーターを降りるとすぐ当事務所の入口になっているのですが、入口を通過する人がいるとセンサーが反応し、チャイムが鳴るようになっています。これにより誰かが入ってきたことがわかるようになっています。

入口から入った受付スペースには防犯カメラが設置されています。防犯カメラの映像は、執務室のパソコンで常時確認することができるようになっており、受付に行かなくとも危なそうな来所者かどうかわかるようにしています。この防犯カメラの映像は約１ヶ月保存されています。

なお、防犯カメラは、受付と特別な相談室の２ヶ所に設置しており、危なそうな来所者は、防犯カメラ付きの相談室に案内しています。

(2)　暴漢対策グッズ

受付周辺には、熊も撃退できる催涙スプレー、大音量の防犯ブザー、警備会社直通の非常用ボタン、そして前述の写真に写っている刺又（さすまた）２本を備え付けています。

刺又は、暴漢を押さえるところにはトゲトゲ付きで素手で掴もうとしても痛くて掴めず、大男の動きも抑制することができます。

警備会社直通の非常用ボタンは持ち運び可能なものが5個あり、1個は受付に置かれ、他は執務室の所々にぶら下げてあります。危なそうな来所者を相談室で応対する際にはポケット等に忍ばせて行きます。

なお、非常用ボタンは、残業中に体調不良となったような際に助けを求めるために使用することも考えて設置しています。

⑶ 通話録音機能付き電話

当事務所で導入している通話録音機能は、通話の途中でも電話機の録音ボタンを押せば通話の最初から通話全体が保存されるものです。録音した音声は、事務所内の電話の主装置に保存されており、事務所内のパソコンからアクセスして簡単にデータを取り出すことができるようになっています。

以前は録音ボタンを押してからの録音開始だったのですが、電話の途中で最初から録音しておけばよかった！と思うことが何度かあったため、平成28年12月の電話機入替えの際に業者からの提案を受けて導入したものです。

これまで通話を録音して告訴や告発を行ったことはありませんが、民事事件の証拠として用いたことはあります。

⑷ 応対打切り用の次の予定の作出

暴力や脅迫までは行ってこないのだけれど、ねちねちと長居されたり長電話されたりすると業務に支障が生じます。弁護士が居留守を使っても、職員を相手として長々と居座られたり電話で話されたりすると、職員のメンタルへの悪影響でやはり事務所の業務に支障が生じてしまいます。

面会や電話を拒否しきれない場合（弁護士が応対してしまった方が

よい場合）は、相手と会ったり電話したりする30分後位に次の予定を作出して外出してしまうとよいです。突然の来所や電話で話しをせざるを得なくなった場合は、架空の予定を告げて応対し、「次の予定があるので」と30分程度で打ち切ってしまいます。相手が事務所に居座る気配があるときは、「一緒に出ましょう」と言って仕事用のカバンを持って事務所の外まで同行し、後は相手を置いて早足に去ってしまうと事務所に居座られないで済みます。

2　大地震への備え

仙台では、東日本大震災の後も震度５以上の地震が、最近でも令和３年２月13日、同年３月20日、令和４年３月16日と続きました。耐震性が増しているので建物が損壊することはないのですが、その度に本や事件記録が落下するのには参ります。

本についてはWeb上のライブラリーの利用、事件記録についてはデータ化で減らせるのでしょうが、停電となればアクセスできなくなるし、やはり現物は不可欠。図書館や書店も地震対策に頭を悩ましているようですので、取り出しやすさと落下防止を両立させる棚等の開発が待たれます。

当事務所はビルの10階なのですが、ビルに閉じ込められてしまったり交通途絶で帰宅困難となったりすることに備え、１週間位の生存に必要な水、食料、その他の生活必需品を事務所内に備蓄しています。

日本は、どの地域も大地震に突然襲われるリスクは避けられない国です。初版のコラムを再掲しますので、多少でも参考にしていただければと思います。

Column 5

震災への対応と教訓

官澤綜合法律事務所の東日本大震災による被害と復旧、大震災から得た今後の対策と教訓

（震災前の事務所の様子）

平成23年３月11日の東日本大震災の際、仙台市内のビルの10階にある当事務所は大揺れに揺れました。１階と10階は揺れ方が違うのです！　免震と耐震は違うのです！　免震は揺れを吸収して揺れないのですが、耐震は揺れに耐えるが揺れるのです！

10階にある当事務所は、震度10くらいの感覚、まるで巨人がビルをシェーカーのようにシェイクしているような感じでした。

日本各地で地震などの災害への備えが言われる昨今、当事務所がどのような被害を受けて、どのように復旧したのか、そして教訓や感想をコラムとして書き残しますので、多少でも参考にしていただければ

と思います。

そういえば、1ヶ月くらいはマンガや雑誌が仙台には届かず、東京から送ってもらったり土産に買ってきてもらったりしたのでした。

また、なぜかカツ丼が食べたく、カツ丼が食べられたら復旧と思っていたのですが、結局食べられたのは約1ヶ月後だったような気がします。

◎災害直後編

大震災時の当事務所の状況

平成23年3月11日午後2時40分頃、私は、午後2時の打合せを終えて自分の机で書類の整理を行っていた。すると、大きな地震！

初めは大きいなと思いながら、イスに座っていたが、まるで遊園地のアトラクションのようにますます大きくなってきたため、机の下に隠れる。机ごと揺れる。そこに両側から本棚が倒れてくる。

やっと、揺れが収まる。凄かったなと机の下で思っていると、「大丈夫ですか？！」と安否確認の大きな声。おずおずと机の下から顔を出すと、事務所内は書庫・記録庫などがすべて倒れてグチャグチャの状態（写真参照）。

職員も机の下から這い出す。

事務所内にいるべき人の安否確認。全員大丈夫。

グチャグチャの状態を見回しながら、強い地震だったなと思うものの、不思議と恐怖や落胆はない。

今日の仕事は無理と思うものの、机の周りを多少片付けようと思ってガサゴソやっていると、ビル管理から外に避難してくださいとの声。

このビルが倒れることはないのでは、外の方が落下物などで危ないのでは、と思いつつ、仕方なく階段で10階から1階に下りる。停電でエレベーターは動かない。外にはビルから出た多くの人たちがいた。

今後の出勤はどうなりますかとの職員からの声。

明日（土曜日）出勤して復旧作業を行いますか？ との声もあるが、多分自宅もグチャグチャでその復旧作業も必要だろうということで、土日は自宅の復旧に頑張ってもらい、月曜日は通常に出勤・事務所復旧作業ということにして、午後３時過ぎに解散。

まだ、誰も津波のことなど頭にない…。

私は、10階に戻り、帰る準備。バス・地下鉄は駄目だろうな…。電話がストップでタクシーも呼べない…。歩くには遠い…。

ということで、自宅には帰らず、近くの叔母の家に泊めてもらうことにする。

ところで、机の上に置いておいた手帳がどこかに振り飛ばされて見当たらない！

手帳にはスケジュールや各種連絡先が記載されており、手帳がないと困る。逆に手帳があれば、何とかなる！

そこで、机に倒れかかった本棚の下の隙間などを必死で探し、何とか手帳を見つける。これで、何とかなる！ と思う。

叔母の家にはラジオがなかった。

私の携帯のワンセグで、大津波警報が出ていることを知り、小さい画面で津波の映像を見る。大津波警報ってあったんだ…。

夕方、従兄弟が車で戻ってきたため、自宅まで送ってもらう。

停電のためロウソクを灯して携帯用ガスコンロで夕食。

◎復旧編

3月14日…復旧作業初日

3月14日の朝7時頃、私の自宅に避難していた弟の車に乗って事務所に向かって出発。

朝日の中、自転車で職場に向かう人たちが多い。感動して涙が出る。

7時30分頃には事務所についた。

電気は復旧していたものの、エレベーターは動かないので、歩いて10階まで。

事務所はグチャグチャ。記録、本、書類などが散乱し、本当に足の踏み場がない…。さて、どう復旧したものかと170坪の事務所を見回る。

相談室ブロックは、物が少ないので倒れた観葉植物を何とかすれば復旧は早い。執務室ブロックは大変そう…。

継続中の記録を早く整理したいが、連結した記録庫がそのまま倒れているので素人では持ち上げられない。業者を呼ぶしかない。

そこで、作業の順番としては、〈通路確保→自分の周囲の片付け・相談室片付け→継続中の記録片付け→本の収納→本の整理・終了記録の整理〉と大枠を決める。

午前8時30分頃から職員が出勤してくる。

午前9時、出勤できた弁護士・職員で黙祷後、通常どおり朝礼を行う。事務所復旧本部を一番広い部屋（20名対応の相談室）に設け、3月22日に通常業務再開を目標と定める。ホワイトボードに弁護士・職員の名前を書き並べ、出勤予定を書き込み、作業の順番・分担を決め、復旧作業を開始する。

作業初日で、相談室ブロックはほぼ復旧。執務室ブロックは、事務机を元の場所に移動し、自分の周りを片付ける程度。交通機関の関係があるので午後2時で解散。私は、朝、愛用のタクシー会社に寄って午後5時に予約を入れていたので、それで帰る。

なお、事務所内の状況を整理すると、強く長い揺れで、机は動き、本棚・記録庫はほとんど倒れ、写真のとおりグチャグチャ。

パソコンは、各人のノートパソコンは机から落ちたものの、壊れたパソコンはなく、サーバーも無事。コピーFAXの複合機は、本体にくっついているフィニッシャーが壊れたものが多い。電話はシステムが不調で外部との電話・インターネットが使えなかった。

3月15日

午前9時朝礼後、事務所復旧本部で本日の段取りを確認し、復旧作業開始。連結されたまま倒れた本棚・記録庫を立てないと、本や記録は整理できない。しかし、重くて自分たちで行うのは危険・無理。業者でないと持ち上げられない。電話が不調なので、私が自転車で事務所の内装を依頼している㈱小西造型に依頼に行く。所長自らが行った効果か、午後さっそく２名で来てもらう。本棚は立ててもらえたが、記録庫は無理ということで後日。

各自の机の周りはだいぶ片付くが、本と記録の復旧が進まない…。

午後３時には解散。

３月16日

午前９時の朝礼後、事務所復旧本部で本日の段取りを確認。記録庫が立ち上がらないと、復旧作業が進まない…とのことで、各自の自宅の復旧もあり、明日は休みとする。

休みなどの連絡のため、携帯メールによる連絡網があった方がよいとの意見が出て、連絡網を作る。私は、㈱小西造型に記録庫の立ち上げを早めてほしいと携帯で電話。

午後３時には解散。

３月17日

事務所は休みとしたものの、私は、自分の周りの片付けが遅れているため出勤。すると、㈱小西造型から６～７名が来てくれ、記録庫の立ち上げ作業を行ってくれる。本当に重く全員の力でやっと立ち上がる。記録庫の下からはぺちゃんこになったイスが出てくる（写真参照）。これが人間だったら大変だった…。

記録庫の扉は、すべて歪んで使えないので取り外す。その扉を、本棚や記録庫の上部にアンカーとして設置。見かけは悪いが、これでどんな

大地震が来ても倒れない！　はず…。

3月18日

事務所復旧本部会議で本日復旧完了可能を確認し、立ち上がった記録庫に継続記録を順番どおり整理。本は分類を気にせず、とにかく本棚にすべて収納。

電話・インターネットも使えるようになる。

これで、3連休明けの3月22日からは通常業務を再開できる！

仙台高等裁判所に継続中の事件について、東京の弁護士から3月中に和解したいとの連絡があり、3月22日に裁判所で和解することとする。裁判所も私も何の予定もないので簡単に和解期日が入る。

3月22日

予定どおり通常業務再開。私は、仙台の裁判所での大震災後の事件第1号！　電話で今週の打合せ予約も入ってくる。細かい片付けはこの後も続くが、大方の復旧完了が短期間でできたのは、段取りを決めて全員が協力して行ったことが大きい。

◎感想と教訓

地震や火災等への対策

弁護士業は、頭が通常に働けば、仕事再開は早い！　事務所内がグチャグチャの状態で復旧作業中も、携帯電話で、震災で崩れた壁をめぐる相談や10日後の不動産売却決済の打合せを行っていた。

しかし、連絡先がわからなければ電話のしようもない。予定や連絡先を記載した手帳の大切さを痛感！　手帳は肌身離さず持ち歩くべき。

詳しい打合せには事件記録や資料は欠かせない。復旧作業をしていて感じたが、書類は、きちんとファイルするか袋に入れて整理・保管しておかないと、震災等の災害に遭うと散逸してアウト！　やはり、常日頃の整理整頓が大切。

パソコンのハードは強い！ これだけの大震災だったのに、クライアントのノートパソコンもサーバーも無傷だった。しかし、火災となると危ういだろう…。

やはり、データの事務所外のコンピュータへのバックアップ、クラウド化が必要。事件データは、ペーパーで残っていることも多く、残っていなくとも記憶で対応可能なことも多い。ところが、経理データは、正確な金額を記憶で対応することは不可能。しかし、お客様には正確な清算をすることが不可欠。火災対策も考えれば、頻繁なクラウド上へのバックアップが必要だろう。セキュリティへの不安もあるものの、経理データは、入出金の記録であり、事件データに比べれば、漏洩の場合もお客様への迷惑は少ない。

地震に備えて本棚・記録庫が倒れないように壁に固定している事務所が多いと思う。当事務所もそうしていたが、石膏ボードの壁に固定しただけだと、激しい揺れの場合は抜けて倒れてしまう。それを防ぐためには、壁を補強した上で固定する。さらに向かいあった本棚・記録庫の上部にスチール製の棒を渡すと万全。

激しい揺れで本や記録が飛び出して散乱すると復旧に苦労する…。それを防ぐためには、扉があるものは通常は閉めておく、扉がない棚には揺れで落ちないようにベルトやヒモを設置すると効果的。

災害からの復旧は、何はともあれ安否確認から始まる。ところが、所在が不明であれば確認のしようもなくなる。そのため、事務所経営のところでも強調した、スケジュールの明示・共有の徹底が大切。

安否確認、そして各種連絡のため、携帯メールによる緊急連絡網は不可欠。当事務所は東日本大震災を契機に設けたが、普段の連絡にも重宝している。

3　感染症への備え

令和２年春からの新型コロナ禍は大変でしたが、予防接種や治療薬・治療法の開発、IT 化の進行により収束・以前の生活が戻りつつあります。

しかし、グローバル化の進展により、また新たな感染症が発生・急拡大するリスクは高まっていると思いますので、感染症への備えも忘れないようにしましょう。

令和３年７月、新型コロナ禍の最中に当事務所でどのようなことを考え、どのような対策を行っていたかについて、仙台弁護士会の会報に投稿していましたので備忘録もかねて転載します。

仕事への支障は IT 化の進化でだいぶ減らせるのですが、現時点でも残るのが郵便物の受領・発送です。

「官澤綜合法律事務所の新型コロナ対策」

1　武漢での新型コロナ（当初は新型肺炎と呼ばれていた。）の感染拡大が話題になり出していた2020年１月下旬、私は、５日ほど急病で入院しており、病室のテレビでニュースを見て中国は大変だなと思いつつも、日本での感染拡大は全く考えていませんでした。

ところが、２月下旬、ベガルタのホーム開幕戦は２月22日に行われたものの（負けでしたが…。）、その後７月までＪリーグの試合は中止となり（当初の発表では中止は３月15日までの予定でした。）、２月27日には安倍首相が突然３月２日から全国の小中高校に臨時休校を要請し、徐々に危機感が高まっていきました。

当事務所ではパート職員も含めた全所員参加の事務所会議を毎月１回開催しているのですが、事務所としての新型コロナ対策について、３月12日の事務所会議、４月１日の臨時事務所会議、４月９日の事務所会議で協議・決定していきました。

そして、4月6日に東京等に発出された緊急事態宣言が4月16日に全国に拡大されたことを受け、4月20日からは7割の出勤削減に協力するために事務所への出勤者が3割程度になるように出勤調整を行いました。宮城県への緊急事態宣言は5月6日で終了したため、5月7日からは3割程度までの出勤調整は終了し、5月15日までは業務課職員について2班体制として出勤と在宅を交互に行うことを試行しました。

その後は、可能な範囲での在宅勤務を取り入れながら現在に至っています。

2　当事務所の新型コロナ対策は、大きくは感染予防対策と事業継続対策に分類できますが、双方に関係するものもありますので、順不同でいくつかを御紹介していきます。

⑴　基本的な感染予防対策

所員も来客も常時マスク着用で、体温37.5℃以上の人は入室禁止とし、各相談室にはアクリル板を設置しました。

当初は感染防止のため飲料の提供をストップしたのですが、暑くなるにつれ原則として飲料を提供するように戻しました。しかし、飲むためにマスクを外してそのまま話す人もおり、マスクしてくださいと注意しづらい場合もあったため、写真のような注意喚起の飾りを

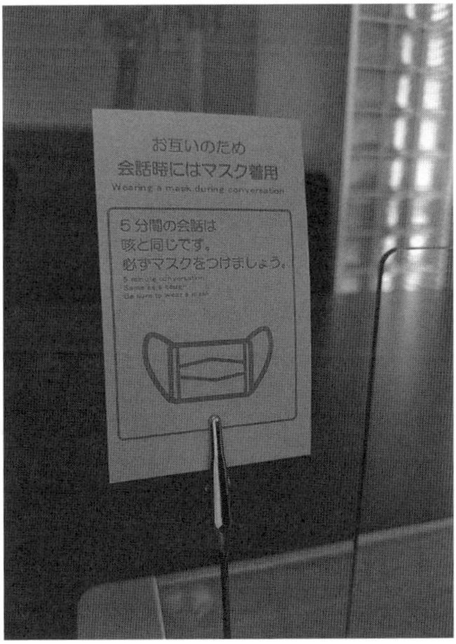

設置しました。すると、マスクを外したまま話す人は格段に減り、注意する場合もその飾りを指さし、「御協力よろしくお願いします。」と角を立てずに注意しやすくなりました。

暑い中を急いで来た人の中には一時的に体温が上がり非接触型体温計で引っ掛かる人もいるのですが、落ち着いてからの再測定で現在までのところ入室拒否となった人はおりません。ただ、信念なのかマスク着用を拒否された相談者がおり、別室にパソコンを準備してズームでの相談を提案したのですがそれも拒否され帰られたことがありました。

(2) 時差出勤・在宅勤務

正職員は8時45分が出勤時間だったのですが、通勤時等の感染を回避するため、早い人は7時30分（退勤は16時）、遅い人は9時（退勤は17時30分）の時差出勤を行っています。また、業務課職員は、交代で毎日1名を在宅勤務としています。

弁護士はもともと勤務日時に拘束はありませんでしたが、在宅勤務の時間が増えつつあります。

事務所に出勤できなくなることに備え、在宅勤務が可能かどうかテストしたのですが、作業効率の問題はあるものの、すべての弁護士、ほとんどの職員が在宅勤務可能となりました。

(3) 在宅勤務のための体制整備

在宅勤務は、感染予防や通勤時間節約にはなるのですが、事務所に出勤しているようにはできないこともあります。そこで、在宅ではできないことは何なのかチェックし、解消できるものは解消するようにしました。

当事務所では、在宅でもリモートデスクトップで事務所のパソコンをそのまま使用できるので、文書の起案、メールやTeamsの送受信、FAXの送受信も可能。留守番電話に録音された内容も聞き取り可能で、顧問先やウェブサイト経由の相談についても電話で対応可能。事務所の電話番号以外を知られたくない人には、自分のスマホから事務所の電話番号での発信も可能。

書籍と記録が在宅では参照しづらかったのですが、書籍については電子書籍を導入するとともに、記録については裁判所が関係する事件についてはPDF化してパソコンに保存することにより記録を持ち歩かなくとも自宅で参照可能としました。残るのは交渉事件についてのPDF化で、職員の業務量を見ながらタイミングを計っているところです。

最終的に残る問題は、郵便物の発送・受取りで、誰かが事務所に出勤できるのであれば対応可能なのですが、事務所閉鎖となればお手上げなのが現状です。名案があれば教えていただければ幸いです。

(4)　オンラインの活用

対面での打合せ等は種々の効用があるのですが、感染予防のため電話、メール、Zoom、Microsoft Teams等を広く活用しだしています。

事務所内での伝言・依頼・報告は、紙からメール、そしてMicrosoft Teamsと変化させてきており、2019年からMicrosoft Teamsを利用しだしていました。

そのため、Microsoft Teamsを利用したweb裁判にも比較的スムーズに対応ができ、新型コロナ禍では電話会議による調停・裁判、web裁判を積極的に利用しています。

依頼者との打合せも、Zoomが利用可能な人とはZoom、そうでない人とは電話の利用が増えてきています。裁判所との電話会議の際の依頼者同席用に裁判所のようなトリオフォンを２台準備しているのですが、トリオフォンは遠隔地の複数の依頼者との電話打合せにも重宝しています。なお、そのような電話の使用方法は、ビジネスホンでも可能なものがあるようです。

初回相談にもZoomを利用しだしたのですが、相談料の支払を簡易にできるようにするため、クレジットやオンライン決済もできるようにしました。

当事務所は毎月1回の事務所セミナー室での法務セミナーを売りにしていたのですが、1部屋で30名の90分のセミナーは感染リスクが高いため、ウェビナーを利用した開催に切り替えています。

ウェビナーでのセミナーは、会場の設営が不要なので楽な部分もあるのですが、やはり対面でのセミナーの方が講師も受講生の反応を直接感じられますし、受講生も講師と直接やりとりすることが楽しみなようで、対面式セミナーが事務所セミナー室で開催できるような状況となることが待ち遠しいです。

⑸ 朝礼、終礼等

当事務所では、所員20数名で9時から朝礼、17時から終礼を行ってきていました。朝礼では各人の各種の予定や事務所としての注意すべき事項を報告・共有した後、口角を上げて笑顔を作り両隣の人とハイタッチして「今日も1日よろしくお願いします！」と明るく元気に業務を開始していました。

しかし、1室に集まってのこのような朝礼では、感染リスクが高い…。

そこで、朝礼や終礼、事務所会議や弁護士会議、所内研究会等は、すべて自席や自宅等からMicrosoft Teamsで行うようになりました。

終礼については、16時退勤の職員もいるため、12時50分からの昼のミーティングに変更しました。

Microsoft TeamsやZoomのオンラインは便利なのですが、対面の中での雑談的な部分で形成される一体感や創造的活動には難もあると言われており、テレワークが得意なIT企業でも雑談的な部分の創出に工夫していると聞いています。

当事務所でも、そのような部分が疎かにならないように、事務所が有機的一体となって生産性の高い業務が遂行できるように注意が必要と感じています。

3　当事務所の新型コロナ対策の会議では、所員が感染したらどうするか、事務所を消毒のため数日閉鎖せざるを得なくなったらどうするかも検討し、対応策を決定したところもありますし、決定できなかったところもありました。

幸い本原稿執筆時までにそのような事態が生じていませんが、感染力の高い変異株の登場もあって新型コロナがいつ収束するのかはまだまだ予断を許しません。

法律事務所は、法的トラブルに悩む依頼者から相談を受け、助言や交渉、法的手続等によりその悩みを解決する法的トラブルについての病院のようなところ。その役割を新型コロナ禍でも果たしていけるようにするためには、事務所の維持・継続に向けた対策を検討・実行していくことが大切で、それは依頼者のためであるとともに、事務所で働く人たちの生活を守るためでもあります。

新型コロナだけでなく新しい感染症発生への対策も検討しておくことが必要な時代になったと思いますので、なかなか大変ですが法律事務所の経営についていろいろ検討・工夫していきましょう。

4　IT化への対応…セキュリティに注意

私が弁護士になったのは昭和61年4月ですが、その頃からやっとワープロが使われるようになり、その後パソコンに移行していきました。

パソコンは、初めは文書入力・各種計算の文房具でしたが、インターネットの普及で通信・情報収集の道具となっていきました。

インターネットの進化と高速化でオンラインでの会議が可能になり、新型コロナ禍によりオンラインでの会議・裁判がメインになりつつあります。

このようなIT化についていくのは大変ですが、ITを使いこなすことが、前述の大地震や感染症でも弁護士業務を継続する備えとなります。ITインフラの構築方法やセキュリティの整備、ルールづくりの方法等といったITの基本的スキルは、日弁連の弁護士業務改革委員会の書籍が定期的に改訂されていますので、最近のものを参考にするのもよいでしょう(『法律家のためのITマニュアル～e裁判・リモートワークでこんなに変わる弁護士業務～』(第一法規、令和4年))。

ただ、IT化により世界中と繋がっている状態となっており、誤送信や情報漏洩が生じると取り返しがつかないことになりますので、セキュリティには十分に注意することが大切になります。

誤FAXを防ぐため本書126頁のサンプル7「FAX番号確認のお願い」のようなテストFAXをするように、初めてのアドレスにこちらからメールで連絡をする場合にはテストメールが必須です。

私は、十数年前に倒産事件の相談を受けた際、相談者から教わったアドレスにメールで準備してほしい資料等を連絡したことがありました。すると、数時間後に聞き覚えのない会社から私に「間違いメールが届いているのですが」との電話が。アドレスを入力する際にアルファベット1文字に誤記があったのでした。私は、内容が内容だけにあせりながらお詫びしてメールの削除をお願いしました。

幸い相談者とは全く無関係の遠方の会社で、しかも良い人のようだったので事なきを得ましたが、その後は「テストメールをお送りしますので、間違いないか御名前を記載した返信をよろしくお願い致します。」とのテストメールを行うことを徹底しています。なお、前記の「FAX番号確認のお願い」と同様に、送信先の相手の名前は、なりすましを防ぐために記載せず、返信メールへの名前の記載をお願いしています。

5　AIの進化への対応…ホスピタリティで勝負

最近のAIの進化・実用化は驚くべきものがあります。文献や判例の調査、契約書チェックだけでなく、法律相談もこなせるような域に達しています。AIの進化により不要となる、なくなる仕事が話題になることもありますが、さて弁護士の仕事はどうでしょうか？

仮に、事件の見通しを立てる場面ではどうでしょう。AIに正確で必要なすべての事実のデータをインプットできれば、裁判となった場合に、現在の法律・判例ではどのような結論に至るか、裁判結果の予測は数秒でアウトプットされるでしょう。しかし、不正確な事実、誤った事実、不明な事実もあり、どうインプットするかは難しいところです。

現在の法律・判例による結論がそのとおりであっても、その結論が時代に合わなくなっていたり、不当なものであったりする場合もあり、そのようなことも含めてどう相談者に伝えるかは難しいところです。

また、相談者は、正しい結論を知ることだけで満足できるものなのでしょうか？

AIが数秒で出す結論が不利なものだった場合、相談者はそれで諦めがつくとは思えません。有利な結論の場合も、相談者がその実現に向けて進み出せるとは限りません。

相談者は、自分の考えが無理と薄々わかっていても納得できないで来所することがあります。それに対し数秒で無理と結論を出されても納得できるわけはなく、じっくりと話を聞いてもらったうえで納得できるように助言してほしいのです。

相談者は、自分の考えが正しい、権利を実現できると結論を出されても、種々の理由により実現に向けて進み出すことにためらうことがあり、誰かに背中を押してほしいこともあるのです。そのようなことは、AIには難しいので弁護士の仕事がなくなることはないと思っています。

現在の法律・判例による分析・見通しはAIに任せ、無理なことは上手に納得させて諦めさせる、本人のために実現されるべき権利については上手に背中を押し実現に向けて進み出させてあげる、そのような応対が弁護士に求められる時代になりつつあると感じています。

相談者の立場に立ったおもてなしの心を持った丁寧な応対をし、相談者の満足度を上げて納得してもらう、また相談したいと思ってもらう、そのようなホスピタリティで勝負する時代になりつつあるのです。

第21　弁護士という仕事を楽しんでいくために

1　良い弁護士になろうと思うことが大切

弁護士という仕事を楽しんでいくためには、良い弁護士になることが大切です。

良い弁護士、良い法律事務所と言ってもらえるようになると、弁護士も職員も嬉しくなり、もっと良い弁護士になろう、良い法律事務所にしようという気持ちになります。その評判を聞いて依頼者も増えて経営の心配もなく仕事を楽しめることになります。

そのためには、良い弁護士になろうと思うことが大切です。

富士山に登ろうと思った人だけが富士山に登れているように、良い弁護士になろうと思った人だけが良い弁護士となれているのです。

良い弁護士になろうと思って仕事を行っていれば、それは相談者・依頼者にも伝わり良い弁護士と思ってもらえる、ファンになってもらえる。すると、仕事も楽しくなってきます。

ちょっと一言

正しいときは少し控え目に

自分が正しいと思えるとき、自分に正義の御旗があるときは、注意が必要です。

勢いに乗って言い過ぎてしまう、余計なことまで言ってしまう等でこじらせてしまったり、やり過ぎの行為が違法ではないかと逆襲を受けてしまうことも生じかねません。

自分が正しい・正義の場合でも、相手は悪とは限らず、別の正義の場合もあります。相手にも相手なりの理由がある場合もあります。

和解も、正しい方が、力が強い方が多少譲ったほうが早期に円満に解決できて双方に良い場合があります。

自分が正しいとき、自分に正義があるときは、少し控え目な慎重な言動が大切だと感じています。

2　良い仕事を行っていくために

⑴　やる気の出し方

起案の時間をとっていても、なかなか気分が乗らず、やる気が出ないことがあります。

そのようなときは、簡単な手仕事で手を動かすと脳が動き出します。私は、朝型人間なのですが、台所に行って食器を片付ける、ネギをきざむ等の簡単な手仕事を行って、脳を動き出させることがあります

脳の側坐核という場所に「やる気スイッチ」があり、簡単なことでよいので行動を起こすと作業興奮で側坐核が活性化してやる気が湧いてくるそうなのです。

まずは、書面のタイトルを入力することから手仕事を始めてみる。すると、「やる気スイッチ」が入って起案が進みだしますのでお試しください。

⑵　十分な準備と目配り

良い仕事のためには十分な準備が大切です。

証人尋問でも、各種の行事でも、本番の前に始めから終わりまで頭の中でシミュレーションしてみる。始めから終わりまでスムーズに流れるのなら問題はありませんが、どこか流れが滞るようであれば修正を加える。要はイメージトレーニングですね。

そこまで準備をして本番を迎えたら、後は全体に目配りしながら細部の異変を見逃さずに対応する（モグラ叩きのゲームのコツと一緒で

す)。

そうすれば、良い仕事ができないわけはありません。

(3) 悩みが生じたときの対策

十分な準備と気配りを行って仕事をしていても、うまくいかずに悩みが生じて考え込むことはあるもの。そして、寝ようとしても眠れない…。

そんなときは、考えごとは起きてすることです。寝た状態だとネガティブになりますが、起きた状態で考えてみると実は大したことではないことに気づくことがあるもの。

過去と他人は変えられないが、未来と自分は変えられる。

悩んでも仕方ないことで過去のことで悩まない。過去にとらわれてモチベーションを下げず、過去を参考にしながら未来の自分の行動を選択・決定していくことです。

大リーグ選手だったイチローさんも言っていました。「自分でコントロールできないことには関心を持たない。そしてできるだけの準備をする。」

悩んでも仕方ないことは、悩まないことです。

(4) 運を呼び込む

反対尋問が成功したり、微妙な事件がうまくいったりした場合、あなたは運が良いと言ってくる人がいます。

そして、そのような人は、自分が準備を怠って失敗しても運が悪いと言いがちです。

しかし、運は、神様が与えてくれるものではなく、十分な準備が呼び招くものなのです。

十分な準備・努力を行っていれば、種々のアクシデントにも対応できて良い結果を得られる。また、そのような努力や良い行い等は、神様ではなく誰かが見ていてくれるもので、助けの手が伸びてきて良い結果を得られるのです。

十分な準備や経験を積んでいけば、ちょっとした異変を見落とさずに将来を察知・対応して良い結果を得られることになる。これを、虫の知らせと言うことがありますが、神様が知らせてくれているではなく、本人の地道な努力で察知力が増してきて知らせに気づけたのです。

良い仕事のためには運も大切ですが、よい運を呼び込むためには、神頼みではなく、十分な準備・努力が大切なのです。

ちょっと一言

自分が気にするほど人は見てはいないが、見られていないようで誰かは見ている

中学生の頃、朝、前髪のウェーブが自分の理想と違うと気になって時間をかけて直したもの。私の前髪のウェーブの具合など誰も見ていないのに…。

しかし、誰にも見られていないと思っても、良い行いも悪い行いも誰かが見ているもの。

あるファースト・フード店で子供が店員から受け取ったソフトクリームを床に落としてしまいました。お母さんから怒られるかな、かわいそうだなとハラハラして見ていたら、店員は、新しいソフトクリームを笑顔で「落とさないように気をつけてね。」と子供に渡し、さっと床も掃除したのでした。その素敵な鮮やかさに、私は、そのファースト・フード店のファンになってしまいました。

良い行いを続けていると、誰かがそれを見ていてファンになり何かあれば助けてくれるようになる。しかし、悪い行いを続けていると、その逆で…。

日頃の行いに気をつけましょう！

おわりに

亡くなった医師の日野原重明先生が、朝日新聞のコラムで「医師・牧師・法曹などのプロフェッショナルというものは、その職業について生涯勉強し、その職業に命を賭けることを神様に約束し、誓いを立てている者」とおっしゃっていました。

たしかに、法曹は幅広い知識を必要とするため一生いろいろな勉強を続けなければならないし、様々な気配りをしながら辛抱強く良い解決を目指さなければならず、楽な仕事ではありません。

しかし、勉強や準備をしっかり行っていれば、トラブルに巻き込まれどうしたらよいかわからず闇夜に立ちすくんだような状態の依頼者に、蝋燭の火を灯すように解決のゴールを見せてあげることができます。そのときの依頼者のほっとした顔、事務所に来たときには暗かった顔を帰るときには明るい顔にすることができたときの喜びは、何ものにもかえがたいものです。

勉強して法的知識を身に付ければ付けるほど、光の力は強くなり、依頼者に遠くまではっきりと解決のゴールを見せてあげることができるようになります。ゴールが見えても藪や岩が邪魔をして、どのようにたどり着いたらよいかわからないとき、勉強して法的手続や実務的技法を身に付ければ付けるほど、そのルートや岩の登り方を教えてあげることができる、手を引いてゴールにたどり着かせてあげることができるようになります。登り越せないような岩や渡れない川があれば、弁護士会などでの公益活動により法律や制度を改正する、つまり、力を合わせて岩をどけたり、橋を作ったり、新しい道を作ったりして、望ましいゴールにたどり着かせてあげることができるようになるのです。

そこまでやるのは大変ですが、とてもやりがいのある仕事なのです。

本書でいろいろと述べてきましたが、そこまで突きつめてやらないといけないのかと思う人もいるかもしれません。

私自身、すべての人がそこまでやる必要はないと思っています。

というのも、私は、人生は舞台のようなものだと思っています。舞台は、主演だけでなく助演、音楽、美術、その他のスタッフもいて成り立っており、主演以外の生き方も大切だと思っています。

しかし、主演を務められるのは限られた人であり、主演を務められる特別な力を与えられた人は、それを他の人のために使う義務があるのです。主演を見事に務めきって舞台を悔いなく降りるためにはそれなりの覚悟と努力が必要です。

この本を読んでくださっている皆さんは主演級を務められる、務めざるを得ない方々だと思います。

各種のIT化やAIの進化は、弁護士の業務や法律事務所の経営に変革を迫るものであり大変ではありますが、弁護士の仕事が感謝という心の報酬も多いやりがいのある仕事であることは変わりません。

本書で述べてきたことが多少でも皆さんの生き方、仕事、弁護士業務にプラスになり、弁護士という仕事をもっと楽しんでいただければ幸いです。

〈〈著者プロフィール〉〉

官澤　里美（かんざわ・さとみ）

昭和32年仙台市生まれ

昭和58年東京大学法学部卒業、同年司法試験合格

昭和61年４月弁護士登録（仙台弁護士会）

平成４年１月仙台市内に官澤法律事務所開設（現・官澤綜合法律事務所）

平成16年４月仙台弁護士会副会長（～平成17年３月）、東北大学法科大学院教授（～令和５年３月）

平成18年10月日本司法支援センター宮城地方事務所副所長（～平成20年10月）

現在、東北工業大学理事、東北弁護士会連合会裁判官選考検討委員会委員長、仙台市泉区選挙管理委員会委員長

（主著）

『弁護士業務の勘所～弁護士という仕事をもっと楽しむために～』（平成26年）、『弁護士倫理の勘所～信頼される弁護士であるために～』（平成27年）、『依頼者対応の勘所～選ばれる弁護士になるために～』（平成28年）

　以上、第一法規

『JA 債権回収の実務』（平成29年）、『JA バンク法務対策200講』［共著］（平成29年）

　以上、金融財政事情研究会

『３訂版　徹底解説　不動産契約書 Q&A』［共著］（令和５年）、『６訂版　読解　不動産登記 Q&A』、『実務に役立つ　登記簿・公図から権利証までの読み方』［共著］（令和４年）

　以上、清文社

サービス・インフォメーション

通話無料

①商品に関するご照会・お申込みのご依頼
TEL 0120(203)694／FAX 0120(302)640

②ご住所・ご名義等各種変更のご連絡
TEL 0120(203)696／FAX 0120(202)974

③請求・お支払いに関するご照会・ご要望
TEL 0120(203)695／FAX 0120(202)973

●フリーダイヤル(TEL)の受付時間は、土・日・祝日を除く
9:00～17:30です。

●FAXは24時間受け付けておりますので、あわせてご利用ください。

弁護士業務の勘所
～弁護士という仕事をもっと楽しむために～＜第２版＞

2024年１月15日　初版発行

著　者　官　澤　里　美

発行者　田　中　英　弥

発行所　第一法規株式会社
〒107-8560　東京都港区南青山2-11-17
ホームページ　https://www.daiichihoki.co.jp/

装　丁　篠　　隆　二

弁護士勘所２　ISBN978-4-474-09326-3　C3032　E(0)